Get a grip on

PHILOSOPHY

哲學

Get a Grip on
PHILOSOPHY

哲學

Neil Turnbull 著　戴聯斌、王了因 譯

三聯書店（香港）有限公司

叢書策劃　　陸詠笑
責任編輯　　蔡淩志
封面設計　　朱桂芳

書　　名　**哲學**

著　　者　內爾·騰布爾

譯　　者　戴聯斌，王了因

出版發行　三聯書店（香港）有限公司

　　　　　香港荃灣德士古道220-248號16字樓

版　　次　2002年6月香港第一版第一次印刷

　　　　　2003年3月香港第一版第二次印刷

規　　格　大32開（125x210mm）192面

國際書號　ISBN 962.04.2058.6

　　　　　Published in Hong Kong & Printed in China

本書世界中文版經由原出版者英國Ivy出版公司授權本公司出版發行。

目錄

導言
哲學的問題
6

第一章
巫術和形而上學
28

第二章
真理和觀點
52

第三章
上帝和宇宙
78

第四章
技術專家政治論者的崛起
96

第五章
浪漫與革命
120

第六章
終局
144

第七章
這就是精彩的生活？
180

索引 190

導言

哲學的問題

★ 哲學，簡而言之，是關於求知與疑問的學問。人們從事哲學，如我們西方人瞭解的，已有3,000年左右的歷史。但哲學家們提出的是什麼樣的問題？他們找到的答案是什麼？哲學和你又有什麼干係？問題，一切都是問題。呃，就讓我們從這些基本的問題着手吧。

"我應該馬上去看看我媽媽嗎？"

疑問的哲學

思想不是零錢——它們是整個銀行！

熱愛智慧的人

哲學一詞，起源於兩個古希臘語："philo"（意為"熱愛"）和"sophia"（意為"智慧"）。尋求哲學問題的答案，意味着向智慧求愛，不管這愛是什麼。

人類的好奇心

★ 提出問題是人類生活的一個重要組成部分。人類需要有更多的發現，需要超越我們現時環境的局限，需要探求"前面"未知的世界，這使得人類的生活不僅大事紛繁、意趣盎然，而且有了目的。**正是這求知好奇的本能，驅使我們天天作大量的思考。**而我們日常的思想中又有多少是在思考問題呢？對此作精確的計算很顯然是不可能的。思想，不像錢鈔，沒有小面額。然而，由於我們對於自己的想

這是一根柺杖嗎？

法瞭如指掌，我們中的大多數人便對我們曾經擁有的思想也非常熟悉。每時每刻冒出的想法告訴我們，我們的大部分生活是在思考中度過的，**並且我們的一些最明晰的想法，便產生於對我們自己和世界所持的懷疑態度。**

性與購物

★ 通常佔據我們腦海的每天冒出來的問題，都是**再尋常不過的**，往往悄無聲息地就溜走了。我們對於自己基本的潛在好奇心的意識，長期以來被一些更加緊迫的事情，如購物或者性交，有時是二者共同，擠迫出了我們的腦海。**然而**，如果我們放棄俗務稍微止歇片刻，也許會很驚奇地意識到我們是多麼喜歡提出問題的生物。譬如，在普普通通的一天，我們可能會問自己："幾點了？"或者"我應該馬上去看看我媽媽嗎？"或者"我敢肯定我想去看看我媽媽嗎？"大街上芸芸眾生的腦海中冒出的問題，無窮無盡。

"幾點了？"

關鍵詞

好奇心
（Curiosity）：
人類瞭解自己及其周圍環境的一種基本的需求。

問題（Questions）：
引導我們基本的好奇心去尋求答案的想法。

潘多拉的盒子

儘管根據神話傳說，是潘多拉的好奇心驅使她放出了世界上所有的罪惡和疾病，但現在人們普遍認為，不對世界持懷疑的態度，就沒有人類的進步。瑞士心理學家讓·皮亞傑（Jean Piaget）認為，我們所有的成人對於世界的認識，乃是基於對我們周遭環境的基本的好奇心；因此，沒有好奇心，人類仍將停留在懵懂無知的狀態。

問題的不同類型

在作進一步的討論之前，我們必須說明世上有許許多多、無窮無盡的問題。之所以強調這不同，原因很簡單，即我們心中想的所有問題，並不都是同一類型的問題。認為一些問題要比另一些問題重要得多，是我們在吃奶時便都學會了的分類方法。一些問題很重要，很有意義，另一些問題則似乎根本無足輕重。

先生，我把手錶落在家了

那不是一個有價值的問題

經濟學與豚鼠

★ 我們可以把大問題界定為這樣的一些問題：解答他們需要花費大量的時間、金錢和精力，找到它們的答案則會給我們帶來可能更多的回報。例如，"政府應該如何控制通貨膨脹？"這一問題，很顯然要比"如何訓練我的寵物豚鼠？"這般的問題大得多。

★ 我並不是說我們都應該關心通貨膨脹，而罔顧我們豢養的豚鼠。我想說的是：對於應該如何管理**現代經濟**這個問題作出令人信服的回答，要比對關乎寵物訓練的問題給予的任何一個答案，都要複雜。因此，回答前一個問題，要比回答後一個問題，花費更多的時間和精力。

照看好你的寵物豚鼠，不要管通貨膨脹

誰能回答大問題？

★ 在現在的問題市場中，關於寵物飼養的問題，僅見於雞毛小店，與什麼是理想的法國油煎食品以及如何自己動手鋪路同屬。在現代世界，它們都是些不足掛齒的小問題，對其答案也沒有多大的需求。

★ 玩笑歸玩笑，其中還是蘊涵着重要的道理。由於回答生活中的多數大問題成本高昂，當我們需要它們的解答時，我們一般是倚賴那些掌握了資源的人來尋求答案。

★ 礙於"信息匱乏"，大多數人都沒有能力解答當前的許多大問題。事實上，對於越來越多的人來說，問題的"大小"也就是其"信息含量的多少"。問題越大，想解決它，就越要深入細緻地搜尋所需的相關信息。這一觀點，為我們提供了劃分問題的另一種更重要的方法。

大問題

對於現今世人面臨的許多大問題，如何解答，似乎沒有一致的看法。這意味着大問題往往是不同的強勢集團之間發生激烈爭論的根源。

什麼是真正的大問題？

9

技術問題

我們可以把那些需要搜集和分析信息以圓滿解答的問題稱為＂技術問題＂（technical questions）。這些問題往往非常艱巨，按照慣例需要一支完整的搜集事實、實施調查的＂專家＂隊伍來解答。

日常生活中的問題

＊ 問題的社會學因素，即問題正越來越多地由本領高強的專家們掌握和處理，使得我們中的許多人感到自己在塵世中遇到的日常問題，相形之下並不重要。那些不需要深入細緻地搜尋信息便可解答的問題，可被稱作**日常生活中的問題**。我在上文中提到的種種問題，即判斷時間、馴養寵物、履行家庭責任，如此等等，便可歸入這一類。對於我們大多數活着的人來說，日常生活中的問題是些常會使我們的腦子亂糟糟的問題；因此，就事物的表面看來，在所有的問題中似乎大多是日常生活中的問題。

大問題和小問題

互相衝突的問題

✱ 現在我們已經作了一個重要的區分
——如果我們想把握哲學的本質和目
的，這個區分便是至關重要的：這
便是"技術問題"與"日常生活中
的問題"的區分。理解這個區分，
還有其他眾所周知的方式，即依據
"科學/常識"（science versus
common sense），或者"束縛/自由"
（control versus freedom），或者
"國家/市民社會"（state versus
civil society），來進行理
解。任何人想瞭解哲學，首先
就得明白這兩類問題在某種程度上是
互相衝突的。

我會名利雙收嗎？

現代文化的分裂

✱ 我在這裡想說的是，對於一切意圖和目
的來說，只有兩種基本的問題：**技術問題
和日常生活中的問題。不是技術問題的其
他所有問題都是日常生活中的問題，反過
來也是一樣。這種分析地割分問題的方
法，反映了一個事實，即現代社會，從社
會學的角度講，已經被分裂為兩個互相對
抗的文化群落——專家和"外行"。**大多數
日常生活中的問題都是"外行"問題，我
們喜歡自己解答之。當他人，尤其是專
家，試圖為我們解答這些問題時，我們常
常會感到很不安。

不同的世界

我們日常生活中產生的
問題和見解，根本不同
於源自技術科學的問題
和見解。事實上，科學
的世界和日常生活中常
識的世界，是一種彼此
對抗的關係，從歷史的
角度看，科學一直在努
力矯正普通常識的缺
點。例如，由於科學，
我們不再相信太陽繞着
地球轉，儘管看上去是
這樣。

11

專家的力量

★ 說現代社會最重要的信仰，乃是堅信那些渾身都是技術能力的技術專家，能夠解決生活中所有重要的疑難，也許並不為過。這一信仰，和所有的信仰一樣，有其祭司階層，並且和所有的祭司階層一樣，也篤信一個中心的信條。

"極地的冰蓋會因為全球變暖而融化嗎？"

權力遊戲

許多當代社會學家聲稱，現代社會是資訊社會，政治權力掌握在那些可以任意支配其充裕的財源和知識資源（intellectual resource），並能卓有成效地加以使用的人的手中。這樣，現代社會便充斥著技術問題，現代社會的權力也就日益握在專家之手。

超越技術專家

★ 宣揚現代性的高級祭司相信，人類生活中惟一重要和有意義的問題乃是技術問題。因此，這些人往往作為"技術專家"而為人所倚賴。

★ 這種人認為，日常生活中的大多數問題都是些俗務瑣事，實在不值得仔細料理。他或者她只對那些複雜、有啟發意義，足以轉換成技術問題的日常生活中的問題有興趣。

專家——他們總是對的嗎？

日常生活中的問題的重要性

★ 令人欣慰的是，我們大多數人還是覺着自己日常生活中的問題都是很重要的。這些問題對我們實在很重要。有的時候，會有一些日常生活中的問題涉及的範圍及其重要性，似乎完全超過了其他所有的問題。

常識終歸會顯現出來

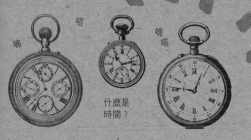
嗒
嘀
嘀嗒
什麼是時間？

★ 有時，我們問完幾點後，也許會被另一個問題難住："什麼是時間？" 有時，在拿定主意真的應該去看看媽媽後，我們也許會問自己："我應該怎樣生活？" 這些問題看上去都很基本，我們姑且稱之為日常生活中的基本問題。很顯然，這些不是技術問題，即便收集再多的事實，也不能回答這種類型的問題。

★ 事實上，我們在此問了自己一種完全不同類型的問題，這種問題是技術專家的技術才幹所不能及的，要想獲得適當的解答，需要採取一種不同尋常的方法。

關鍵詞

技術專家政治 (Technocracy)：
指社會由技術專家和行政人員管理。

技術專家 (Technocrats)：
擁有很大的權力，才幹超群的技術人員和行政人員，他們正越來越多地負責為現代社會作出重大的決定。

常識（Common Sense）：
關於我們自己和我們周圍的環境的眾所周知的"普通"知識。

日常生活中的問題（Everyday Questions）：
產生於普通的日常生活的問題；一般依據常識便可解答。

哲學問題

★ 技術專家力所不能及的問題，便可稱作哲學問題。關注這些問題，不需要收集資訊，而是靠其他的東西——我們可以把這種東西叫作“智慧”。哲學家就是“熱愛智慧的人”。

希臘人最先觀察了他們自己的身體

每個人都是哲學家

哲學問題是一些特殊的日常生活中的問題。它們在所有的問題中卓爾不群，意在超越我們俗世的關注，以便我們能夠瞭解世界和我們自己的本來面目，而不受我們日常生活中的痛苦和偏見的影響。更重要的是，由於哲學問題都是日常生活中的問題，因此，正如意大利現代哲學家安東尼奧·葛蘭西（Antonio Gramsci）說的，在一生中的某個時候，每個人都是哲學家。

言必稱希臘

★ 對大多數哲學家而言，擁有智慧，一般認為就是等同於懂得了“真理”並以之為指導。但哲學家的真理，並非那些碰巧迎合當時時髦觀點的、未經檢驗而只是人們習以為常的觀點；也不是從政治家、報人和專業學者的腦海中冒出來的那種“真理”。他們這些人，即便真理就在身邊，也不識得。因為當一名哲學家，就是要把自己置於“觀點愛好者”（古希臘人稱之為 philodoxoi）的對立面，並視這種時興的真理不過是當時眾人認可的謊言罷了。

我一直在追求真理

人何以為人？

★ 哲學曾試圖如何回答這樣的問題呢？從歷史的角度，我們可以發現，哲學曾努力借助自己獨特的方法和途徑回答問題。一般地，哲學家是採用一種有時被稱之為反省（reflection）的方法解答這類問題的。哲學家這樣做是意味着什麼呢？哦，人類反省自己的本質及其周圍環境的能力，來源於人類擁有"自我意識"（self consciousness）這一事實。正是這一能力，使得我們把自己與和我們切身相關的事物"分離"開來，以一種更加冷靜和公平的方式看待我們周圍的事物。

★ 我們的自我意識，顯然就像一面"心靈的鏡子"（internal mirror），讓我們觀測到自己的行為、思想和知覺。對哲學家來說，反省就是這樣"反觀"（looking back）我們

反省——不僅僅是鏡像

自己，這不是出於自我控制（或者虛榮！）的需要，而是出於回答人類生活本質的需要。

哲學家的必要條件

作為一名哲學家，你沒有必要是一名專家。儘管有一些哲學家認為自己是其學科的專家，但從事哲學並不需要以前有經驗，也不需要專門的訓練。需要的只是開放和孜孜以求的精神。哲學是致力於研究日常生活中的那些基本問題的"學科"；作為一門"學科"，其目的在於就這些問題給出明智並前後一致的答案。但是，為了容許他人重新考慮這些問題，所有的答案是沒有必要告知那些研究這些問題的人的，——然而並非在通常的意義上。這些答案應該是引導你以一種更高級或者更好的方式認識你自己和世界，以便你能變得比現在更加智睿。

它在哪兒呢？

基本真理

★ 反省是一種思辯式的思維方式，以探求人類生活中那些不證自明、極度明顯的，或者如哲學家喜歡說的那樣，是人類生活必然的特徵。也就是說，反省是求索人類生活中必為真的事物的一種思維方式；它尋求我們日常存在的基本原理（foundation）和預設（presupposition）。

那基本真理在哪兒呢？

深刻的簡單

★ 比如，你反省幾秒鐘，也許就會憑直覺發現：時間一定表現為三種時態——過去、現在和將來。反省也許還會引導你得出結論：快樂是生活的終極目標。認識到這些真理，並不需要很長時間的痛苦研究；為發現這些真理，你也不需要成為一名專家。但是一旦你花費足夠的時間來反思這些問題，你就會明白自己發現了一些顯而易見，但是又非常深刻的東西。

★ 我們的一些基本道德取向，也可以這種方式得到證明——例如，關於人權的觀念。美國《獨立宣言》就說："我們認為這些真理是不言而喻的。"正是反省式思考，讓我們作出如此有分量的斷言。

生活的終極目標是快樂嗎？

超越信息

✱ **哲學問題是日常生活中一些最基本的問題。它們不是技術問題，不能用回答技術**

哦，這是哲學的事兒，非同尋常

問題的方式來解答——也就是說，不能由所謂的專家來解答。**它們是從日常存在的疑難中凸現出來的問題，看上去可能非常奇怪，非常使人困惑，幾乎無法解釋。**

✱ 但有一些人曾努力去解答這些問題。借助深刻地反思這種問題，一些人曾試圖超越對"單純信息"（mere information）的需求，開始追求一種更高、"更智睿"的存在狀態。

哲學的故事

本書講述的是哲學家如何歷經艱辛獲得智慧的故事。在努力中，有的人心智失常，有的人遭受迫害，還有的人成了有權勢、有政治影響的人物。這本哲學的故事，是一個關於人類提問的奇觀。如果你對現代社會就其大問題所提供的解答方式感到不滿意，不再抱有幻想，那你就有望成為一名哲學家了。

哲學——一種新的觀察方式

換一個燈泡
需要多少個
哲學家？

問一個愚蠢的問題

★ 問題沒有必要僅僅根據其大小和是否能使人增長知識進行分類——就像技術專家一直試圖去做的那樣。問題可以依照其愚蠢的程度分類。我們曾經問過，也曾被人問過一些愚蠢的問題，結果往往是使我們尷尬不已。有些人——我們稱之為庸人——就認為，哲學問題就是這種類型的問題。

浪費時間

★ 對庸人來說，哲學問題實在是再愚蠢不過的、是小孩才會問的那種問題，為之輾轉反側、夜不成寐的人很快就會遭遇挫折。簡而言之，解答哲學問題，支付不了帳單、修補不了破損的籬笆、也不能改善你的性生活，為什麼還要為之煩惱呢？

★ 只有傻子和小孩才會浪費他們寶貴的時間料理這種毫無意義的事情。在庸人的眼裡，哲學家也是這樣。

哲學家比那些愚蠢的
孩子還要糟糕

庸人的詰難

★ 對庸人來說，只有日常生活中的實際問題才是重要的，僅倚賴理性解決的問題（intellectual questions）根本談不上。技術專家和哲學家被指責過於喜愛做純理性的思考，並無中生有地製造問題，而這些問題在現實中根本不存在。

★ 庸人崇拜常識，技術專家和哲學家則雙雙被視為理智的離經叛道者（intellectual infidels）。這些人必須永遠受到征剿討伐，以防他們離經叛道的思想污染了眾生日常生活的源泉。

哲學家是懶漢嗎？

★ 庸人特別厭惡哲學，乃是因為哲學問題被視作不成熟、懶惰、推崇理性的懶漢提出來的，他們成天躺着冥思苦想，並常常沉迷自己而不能自拔。對這個世界上辛勤勞作的庸人來說，沒有什麼比遊手好閒、百無聊賴更糟糕的了。這些庸人說，除掉這些閒漢，世界就會好得多。我們該如何理解這些主張？

去找份規規矩矩的工作，你這個遊手好閒的哲學家

庸人

"庸人"（philistine）一詞起源於18世紀的德國，當時學生把沒有受過教育的市民稱為"philisters"。此後，這個詞通常用來指那些對所有智慧、文化之事毫不關心的人。

生活就是一場搏鬥，沒時間去搞哲學。

關鍵詞

愚蠢的問題（Silly Questions）：
沒有任何意義，毫無作用、毫無價值的問題。

庸人（Philisitines）：
捍衛常識，認為許多技術專家和大多數哲學家問的都是愚蠢問題的人。

日常生活中的疑惑

媽媽，顏色是什麼？

★ 著名的奧地利哲學家路德維希·維特根斯坦（Ludwig Wittgenstein, 後文還要說到他）曾經寫道："哲學起源於疑惑。"正是在這些日常生活中遭遇到疑惑的奇妙瞬間，哲學問題誕生了。這種對於我們自己和世界疑惑的感覺中，確實包含了我們思想上未泯的童真。

想像一下

質疑，其實就是受一種特定的好奇心的驅使。當我們對自己和周圍的環境產生疑惑時，我們就讓自己受一些想像的觀念的引導。這些觀念有助於我們思考認識自己和周圍環境的最佳方式。19世紀的浪漫主義詩人柯勒律治（Coleridge）認為，這種思維方式是"人類所有感知中生機勃勃的力量和至關重要的因素"。

孩童般的好奇心

★ 有些哲學家，譬如美國當代哲學家維拉德·范·沃曼·奎因（Willard Van Orman Quine）（我們都知道，哲學家經常取一個很引人注目的名字），就曾像庸人一樣，**將哲學家間的問題和小孩子間的問題作了一番對比。我們應該承認，其中有一處值得注意的相似。**

★ 當一名很小的小孩子問一個"是什麼"（what is）的問題時，我們都會無言以對。一些問題，像"媽媽，顏色是什麼？"，或者像"爸爸，夢是什麼？"，常常弄得當父母的大惑不解，便含糊其詞，漫不經心地敷衍一番。哲學家應該承認，庸人的問題還是有些可道之處。

疑惑在哪兒？

✱ 然而，庸人主張的局限性要大得多：哲學家能夠理解庸人主張的要點，但庸人並不能理解哲學家的主張。這是因為，庸人的頭腦是完全封閉的，以一種狹隘的頭腦（narrow-mindedness）接近世界，結果便認為世界就是這個樣子，遂不予重視。

哲學的王國

要從事哲學，就得要對世界有一些孩童式的疑惑──即對大多數人認為理所當然的那些事物有一種莫名的驚詫。一個人要進入哲學王國，就必須重新變成孩子。技術專家和庸人想進入哲學王國，比一輛雙層巴士穿過鑰匙孔還要困難。這對他們簡直是糟透了，哲學家說。

沒法看清全景？
你知道從哪兒看嗎？

充滿希望的思考

✱ 哲學家稱，世界為什麼是這樣，是有些原因的。質疑世界何以如此，也許會為我們提供一些如何使世界變得更好的思想。

快樂
是……
一個氣球。

你過着一種德行高尚的生活嗎？

哲學的類型

為了使問題更加細化，哲學家提出了不同類型的問題，所提哲學問題的類型又給哲學家們作出了分類。一言以蔽之，世上一共有四種哲學問題，因此也就有了四種基本類型的哲學家。

什麼與如何？

★ 首先是關於事物的本質，即事物到底是什麼的問題。這類問題被稱為**形而上學問題**。比如，"什麼是時間？"這個問題便是形而上學問題的一個很好的例子，因為它在問時間到底是什麼。

★ 其次是探討關於知識和信仰的觀念的問題。這類問題被稱作知識論問題，關注的並非世上有什麼（這是形而上學關心的問題），而是關注我們如何能知道世上的一切事物。

★ 例如，如果有人聲稱地球曾遭到外星人的入侵，照情理你也許會問他們："你們是怎麼知道的？"如果他們接着說，自己知道，是因為他們前一天晚上夢見一隻巨大的飛碟降落在他們家的後院，然後

為什麼我的頭這麼大？

我存在嗎？

你就會覺得有理由把他們當作怪人，打發他們一走了事。

★ 這是因為，現在大多數人都認為，夢不是知識的可靠來源，知識論就是來考察什麼樣的經驗方為知識的可靠來源的。

外星人夫婦邀請你參加星期六的戶外烤肉野餐

倫理學和政治學

★ 第三類問題探究的是好生活或德行高尚的生活的本質。這些問題被稱作**倫理學問**

地球是方的嗎？

渡渡鳥存在嗎？

月球上有人生活嗎？

我們應該始終不渝地相信別人告訴我們的東西呢？
還是對之產生懷疑？

題，主要關注我們應該如何生活的道德問題。我們大多數人對這些問題都作了一些思考，因此我們中的大多數人照理已經勝任作道德哲學家了。

★ 最後一類問題問的是公正社會的本質；也就是說，在理想狀態，人類社會應該如何組織。提出這些問題的人叫作**政治哲學家**。

歷史課

哲學史通常被分為四個歷史時期：古典時期、中世紀時期、現代和後現代。人們一般認為現代哲學植根於16世紀勒內·笛卡爾（René Descartes）和托馬斯·霍布斯（Thomas Hobbes）的理性思考。後現代哲學則植根於20世紀60年代反正統文化（counterculture）中出現的一些基本觀念。

哲學的鬥爭

★ 現在我們已經有了故事中的角色了：技術專家、庸人和哲學家。這時需要一個情節。情節很簡單，便是技術專家和庸人着力在破壞哲學。為什麼？因為技術專家和庸人都信仰秩序的價值，哲學懷疑百般的態度有時被誤認為是在攻擊文明，正如我們知道的。

柏拉圖

學院的影響

根據西方人的認識，哲學已經有2,700年左右的歷史。大約三千年前，希臘人開始記錄下人類對於哲學問題的興趣，他們中一些個人組成若干鬆散的社團，共同思考一些哲學問題。我們提到哲學學院，就是指這些個人社團。

故事的開始

★ 本故事共分七個部分。第一章叫作"巫術和形而上學"，講述的是哲學如何從一種本質上屬於宗教情感的東西中產生，並一直在我們認識世界的最基本的一些方式的發展中發揮着重要的作用。

★ 第二章，"真理和觀點"，講的是柏拉圖（Plato）發展了對於真正的、公正的社會秩序的本質的解釋，在本書中，你會發現，柏拉圖在某些地方充當起反面角色來。柏拉圖認為，理想社會是一個徹底排除大部分人性，而將剩餘的部分置於各種各樣嚴厲的控制之下的社會。

一齣七幕戲劇

★ 因此，柏拉圖是見於記載的為一個技術專家統治的社會繪製藍圖的第一位思想家。

巨人間的衝突

★ 第三章，"上帝和宇宙"，講述的是亞里士多德（Aristotle）的思想如何被天主教會利用，以構築中世紀關於世界的觀念，以及古典世界的價值觀如何因為遭遇**激進的猶太教和古羅馬異教**而被改變。特別值得一提的是，本章還討論了在羅馬帝國衰亡後，倫理問題如何開始漸漸地取代"真理"和"公正"問題，而成為哲學家關注的中心問題。

又是庸人

★ 第四章，"**技術專家政治論者的崛起**"，臚列自**啟蒙運動**（Enlightenment）至現在科學哲學和數學哲學的興起及隨後的發展。講述現代技術專家如何發展了重視技術的"哲學"，這些哲學強化了他們預測並控制世界的努力。

★ 第五章，"浪漫與革命"，勾勒文化運動的興起，這場運動肇始於19世紀早期，試圖對**提倡庸人哲學和技術專家統治制的人進行哲學批評**。本章講述了這些批評如何被庸人和技術專家移花接木，而用於實現他們自己的目的。

亞里士多德

誰是哲學家？

哲學涉及人類生活中的各個方面，因為它提出了形而上學問題、知識論問題、倫理學問題和政治學問題。但哲學問題這種無所不包的性質可能會使得哲學家混迹紅塵，與芸芸眾生沒有什麼區別。這個"身份"（identity）問題（誰是哲學家？他們在哪兒？），現在成了當代哲學家不得不處理的重要問題之一。

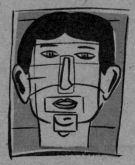

你見過這個人嗎？

擔憂
我會和誰結婚?

擔憂
我會住在
哪兒?

擔憂

將來什麼樣?

將來什麼樣

＊ 現在說說本書的後面部分。第六章，"終局"，討論20世紀哲學的狀況，重點介紹那些聲稱哲學現在正接近終結的哲學家。最後一章，"這就是精彩的生活？"展望哲學將來的前景，並試圖展示哲學思考不僅本身有趣，而且能昂然地宣稱它是使人們能夠有意義地生活的所有文化的重要組成部分。

給哲學恐懼症患者的保證

＊ 由於哲學的歷史延續了數千年之久，你需要幾本大部頭的書充分展示其多姿多彩。為了繁事化簡，我已經寫了一些文字，對西方哲學的出現及其隨後漫長、痛苦的衰落作了一番相對簡約的描述。

＊我也曾試圖使那些有時艱深玄奧、外人不知所云的哲學思想，盡可能顯得可親可近。事實上，這本書，我也希望它讀起來像一次隨意的聊天，以便你能以一種放鬆、開放的態度閱讀該書，就像你平日裡談天似的（當然是和你喜歡

那是我的書，我想寫什麼
就寫什麼

的人！）。

★ 然而，即便最無成見的人，想讀一本哲學方面的書，也會感到恐懼，有一些不祥的預感。為了幫助這種患有哲學恐懼症的人，我建議你在閱讀之前，不妨施展一些自我放鬆的技巧。下面就是一種，你可以試試……

放鬆……

★ 躺下來，閉上眼睛，集中注意力聆聽你自己呼吸的聲音。想像一下有個聲稱想

讓我給你們講講哲學的故事……

當一回哲學家的老頭要給你講一個故事。在你腦海裡想像這個人的模樣。一旦你做完這些，便跳起來，開始讀這本書，一直讀下去。

哲學回歸

歷史地看，面對抨擊，哲學一直逆來順受，結果，現在作為一門學科在現代的大學裡瀕臨滅絕。現在是反擊的時候了，是時候揭露那些信奉使你厭憎自己、也厭憎生命的"哲學"的人了。配得上這個名稱的哲學，應該是關於如何將我們從現代陰暗的幻象中解放出來的哲學。

致歉

由於這是一本很小的書，我不得不略掉了一些有趣哲學家的生平和著作，不予介紹。如果漏掉了你喜愛的哲學家，我表示歉意，但於本書內容的選擇，我實在費盡周折。哲學的方式，就是這樣。

第一章

巫術和形而上學

★ 講述哲學的故事，從一些大問題開始，是再合適不過的。從一開始，就有幾個這樣的問題湧進腦海裡。哲學形式的問題起源於何地何時？這種類型的問題是如何出現的？為何出現？哲學的產生對當時的文化和社會有什麼樣的影響？

斯坦利·卡維爾

美國現代哲學家斯坦利·卡維爾（Stanley Cavell）認為，哲學問題是對一直掌握着人類生活的現實經驗的反映。然而，是古希臘人首先明晰地表達了這些經驗，並試圖系統地為似乎是他們提出的問題尋找答案。

哲學起源於地中海

★ 要回答這些問題，我們應該回溯一下哲學產生以前的時期，並瞭解哲學產生以前的文化如何區別於完完全全充盈着哲學精神的那些文化，如我們現在的文化。

★ 大約2,700年前，在今土耳其海岸講希臘語的殖民地上，出現了一種極其獨特的思考人類及周圍環境的方式，對以後世界歷史的進程有着巨大的意義。這種新的思考方式，產生於一些新的、完全異乎以往的問題，即某些個人開始質疑他們自己以及周圍的環境。簡而言之，一些個人開始疑惑事物的本來面目是什麼。這種全新的對於世界的疑惑態度，是一個有催化作用的根源，此後所有形而上學的問題都誕生於此。因此，就像我們所瞭解的那樣，形而上學這一術語，是與古希臘人的思想一同產生的。

產生之初

✻ 早期**希臘哲學家**提出的問題，今天看來仍有重大的哲學意義。即便我們中間那些認為自己只對現代事物敏感的哲學家，也能從這些早期的哲理思考中發現養分。

✻ 儘管思考的哲學方式在波斯、印度和中國大約是同時出現的，但**把自己最有價值的哲學遺產最清楚地留傳給現代世界的，就是希臘人。**

我是海象

古代的巫術

古代的巫術通過兩種基本方法起作用：一為**模仿**（mimesis），即以為借助模仿特定的人或物，便可獲得他們的力量；二為**接觸**（contagion），即只要接觸一下特定的人或物，他們的力量便可以傳遞過來。

嘀嗒　　嘀嗒

哲學產生前的時間

一位巫師

巫術文化

* 希臘式的思維方式在歐洲出現以前，說大部分日常的思考都是巫術式的並不為過。我的意思並不是說，在哲學產生以前，人們經常把他人鋸成兩半，或者從帽子裡拎出兔子，諸如此類。不是這樣子的。我想說的是在哲學產生以前，人們更多地倚賴希望、夢幻和徵兆，而不是以疑問來作為安排和指導生活的手段。

巫術與理性

* 在巫術文化中，人們總是相信，只要祈求事情出現特定的結局，他們就能把握它的進程。因此，基於巫術的文化往往倚仗通過祈求來處理事情的思維方式。

* 這種思維方式，與典型的**現代主義者**的典型思想有着明顯的、重要的區別。例如，我們要搬家了，也許會算算花費，察看察看要安家的地方生活福利設施如何，等等。在現代文化中，人們在被迫做重要的決定時，往往會作這種理性的估測，這一點我們在後文中還要談到。

好！

★　然而，這些理性的思考方法，是相對較晚的發明，數千年來，理性一直是一種優越的、並被廣泛使用的思想模式。（事實上，理性思考的能力，對於那些願意參與到現代社會中的人，已經成了一個必須的要求，並且某些技術"哲學家"，已經促使這些理性的思維方式合理化，使之成了惟一正確的思維方式。）

魔法的世界

★　根據這些作決定的方式的特點，我們可以就哲學產生以前的社會性質，得出一些重要的結論。首先，由於從一應被視同神聖而供列於廊廟的事物身上幾乎都能獲得神秘的曉諭，和我們現在的世界相比較，哲學產生以前的世界便很顯然是一個魔法隨處可見的世界。這是一個神靈活躍的世界，既有善神，也有惡魔，這些神靈以一種只有少數人才懂得的語言與人類交流。

★　這群會讀會說神靈咒語的特殊人，被稱為巫師。

諸神溜走了

哲學產生以前的世界

在哲學產生以前，人們視自己與其自然環境是不可分割的。哲學產生前的人們相信，通過模擬大自然的形狀，他們就能使用自然的力量。

巫師的智慧

★ 巫師是神靈與凡世之間神秘聯繫的環節，因此他們有點像早期的祭司，擁有極重要的政治權力。由於需要神秘的知識解決日常生活中的重要問題，大多數人的生活便完全為那些洞悉神秘咒語的人所控制。

阿道夫‧希特勒（Adolf Hitler）
冷酷殘忍的專制暴君

殘留的巫術

想想一天當中你有多少舉動帶有迷信色彩：用手碰碰木頭，將食指與中指交叉，向喜鵲致意。你每次做類似的事情時，都會有殘留的巫術進入你的世界，這種思維方式代表了沒有宗教信仰、沒有哲學的古代在今天的餘響。

喜鵲——隻報憂，
兩隻報喜

權力與犧牲

★ 巫術文化，十有八九和20世紀30年代的納粹德國有點相似（這一點後文還會說到），因為它們可能都是由冷酷無情的暴君統治，這些暴君藉以維護他們的統治的，乃是使大眾子民相信，只有臣服於神秘的當權者，才能免於毀滅。

★ 由此可見無哲學的文化有兩個重要的特徵。首先，和我們今天的文化比較，這些文化都是等級極端森嚴的，掌權的人很有權勢，沒有權勢的人便幾乎一無所有，也找不到獲取權勢的捷徑。其次，與第一個特徵相關的是，由於偉大的神靈或諸神被視為無所不能的，也就是說能洞察萬物，感化萬物，所有的獨立人（individual humans）便最終都屈從於神秘的控制。這意味着無哲學的文化中沒有我們在使用"獨立的人"（individual person）一詞時所指的"一個個體"（an individual）的觀念。在這些文化中，個體附從於整體；在某種意義上，在深被魔法所纏繞的巨大的存在之鏈中，每一件事物都是和其他所有事物彼此相關聯的。因此，為了其他所有人的安康，犧牲一些幼童來祭獻被認為是完全可以接受的。

今天的巫術式思維

★ 有趣的是，這種文化至今仍然沒有完全消失，即便在極端理性的現代主義者的腦海中，各種各樣的巫術式思維繼續盤桓不去。現在，還是有一些當代文化以不折不扣的巫術方式來理解世界。

★ 有一些異教主義新興次文化，近年越來越流行，它們仍然尊崇這種思維方式，仍然施行巫術以治療疾病，增強大眾心理上的安寧。巫術式的思維方式從未徹底根除這一事實說明，它們滿足了一些較之冷靜和理性的現代文化未能完全滿足的需要。

異教主義

最初的異教文化，由女人擔任聖職，大約3,200年前，來自東方，講希臘語的部落門士侵入南部歐洲，異教文化徹底瓦解。他們帶來了有濃厚父系制色彩的文化和宗教，將他們的偉大天神宙斯置於值得尊崇的異教神靈集團的首位。

工作中的巫師們

新宗教

從巫術中派生出了宗教。神靈世界的神秘力量為希臘諸神那相對超然的力量所取代。異教主義繼續存在，但其神靈在重新排定的希臘諸神中只佔次要的地位。

泰利斯

"智者"泰利斯
(Thales, 公元前620-
前555年) 是最早的
哲學家之一。他認為
其外部環境是一個錯
落有致的宇宙。

智者泰利斯

希臘諸神佔據主導地位

✴ 希臘諸神比異教的土地神要超然一
些，冷淡一些。他們超然物外，遠離人
間俗事，因此異教文化中那種典型的巫
師式的神人交流，於希臘諸神是不可能
的。他們高踞奧林匹斯山之巔，左右着
人類的一切事物，這意味着，大部分人
漸漸明白，下界的人間百態大多是人類
把握不了的。人們清楚，他們的生活完
全取決於諸神的興之所至。

一個重要的變化

✴ 哲學的出現改變了這一切。個性化的
神靈世界為十分不同的東西所取代，此後
世界便迥異於往日了。異教文化視外部世
界為一個完完全全的"大你"（great you）
或者"大他"（big other），想方設法、殫
精竭慮地揭示被神化了的奧秘。而哲學視
世界為一個客觀的"它"（it），對其加以
深入思考、反復想像，坦然闡釋。這促使
古代人類經驗的整體特徵的改變。哲學產
生以前的神靈世界，對於無權無勢的凡間
眾生來說可能是一個極端恐怖的所在。哲
學首次提出了幫助人們逃離這些無端恐懼

"從地面控制湯姆少校。"

的一些思維方式，世界成了人類獨立思考的一個物件；這種獨立的思考，如我們所知，可能是一種冷靜客觀地看待事物的方式。世界成了我們欣賞和理解的東西，這代表了人類知識史上的一次演進。

世界性的米利都

✱ 一切都是在米利都（Miletus）開始的，這是小亞細亞海岸的一個港口，位於一個叫作愛奧尼亞的地方。為什麼哲學會在這裡發源，眾說紛紜，莫衷一是。也許這和希臘帝國的這塊地方的世界性有些關係，希臘文化和波斯文化在這裡交滙。有些個人可能已經對傳統的宗教權力階層不再抱有幻想，這個階層利用神聖和神授的觀念，為自己謀取私利，為一些愚蠢的目的服務。

阿波羅

不完美的過去

早期的愛奧尼亞哲學家認為，人類的智力有能力退而思考，還外部世界一個真實的形象。這些哲學家聲稱，宇宙按照其自己的、獨立於人類風俗習慣（即規範，nomos）的法則（phusis）運轉。宇宙和人類心靈的分離，使得前蘇格拉底（蘇格拉底以前）的哲學家有能力深入思考宇宙的真正的本質，並提供新的理解世界的方法，與過去的巫術傳統決裂。

它是什麼？

★ 人類提出的第一個哲學問題似乎是一個形而上學問題，即"它是什麼？"（What is it?）。其中"它"（it）指宇宙被認為是與人性相區分的。這是宇宙第一次成為疑惑和良性好奇心的對象。對泰利斯來說，宇宙基本上像一種物質——水。這個推測事實上並不像聽起來那樣愚蠢。水是各種複雜的生命形式想生存下去必需的物質，因此，對生活在海邊的一些人來說，關於偉大的"它"——宇宙的本質，這是一個相當有靈性的重要猜測。

我沒看見船

宇宙是什麼？

無窮的宇宙力量

★ 對泰利斯的弟子阿那克西曼德（Anaximander，公元前611-前547年）來說，宇宙中的萬物起源於"無限"（the infinite），這是一種無邊無際、亙古久遠的宇宙力量。而他的弟子阿那克西美尼（Anaximines，死於公元前500年）則認為，萬物是由空氣（air）組成的。

★ 對這些哲學家來說，宇宙仍然有一種神聖的感覺，因此前蘇格拉底哲學決不是對異教的巫術作一種樸素的合理化解釋。相反，它只是在拒絕屈從巫術權威的同時，保留了其中的一些東西。

創造性的矛盾命題

★ 前蘇格拉底思想中，理性和巫術之間存在着張力，這一點在最偉大的愛奧尼亞哲學家以弗所的赫拉克利特（Heraclitus of Ephesus，死於公元前460年）的著作中看得最為清楚。和他的愛奧尼亞前輩一樣，他關懷的問題也是宇宙的本質，但對赫拉克利特來說，這些思考已經深刻了許多。他感興趣的是宇宙的意義，或曰邏各斯（logos）。

★ 邏各斯，對赫拉克利特來說，是一個惟

哇，看那邊的景色！

一的統一的原則，在某種意義上，其含義是指宇宙是一種惟一的、統一的事物。但與此同時，這個原則又會與己相悖，自相矛盾，就像艾歇爾（Escher）畫中的人物一樣。

動態流

赫拉克利特的形而上學認為，整個宇宙依據一條簡單的動態原則（dynamic principle）運轉，這條原則維持宇宙的和諧。然而，赫拉克利特的和諧，近似一種永恆的對抗狀態，而不是一種其樂融融的寧靜。對他來說，受宇宙中的對抗和矛盾驅使，宇宙是一個持續運動的對立統一體。

而另一個事物……

宇宙論

由於早期的愛奧尼亞哲學家一直在思考宇宙的本質，他們可被視為現代宇宙論的奠基人。

赫拉克利特的宇宙

★ 在赫拉克利特的形而上學中，宇宙是動態的，受到居於宇宙邏各斯核心的矛盾推動。這意味着變化和流動是其形而上學的核心，結果他的思想在歷史哲學中一直就有着相當的影響。現代哲學家黑格爾（Hegel）和海德格爾（Heidegger）就得益於他的思想恩惠（這一點後文有詳細的說明）。

過河

赫拉克利特以宣稱"你永遠不能兩次踏進同一條河流"而享有盛譽。他這麼說的意思是，變化於宇宙是內在的，每件事物每時每刻都是獨一無二的。

長燃的火

★ 為了說明其動態邏各斯的觀點，赫拉克利特必須構建出一幅藍圖，在這裡動態邏各斯應該和宇宙的本質相一致。他猜想宇宙是"一堆長燃的火，總是明滅相間"。因此，儘管赫拉克利特試圖認識理性的宇宙邏各斯，他還是認為，在某種意義上，整個宇宙是活着的。他的觀點中理性與巫術並存。其哲學的這一特徵難以為我們現代人理解。

巴門尼德

關鍵詞

一元論（Monism）：
認為宇宙是由一種物質組成的形而上學的哲學觀點。

多元論（Pluralism）：
認為宇宙是由不同種類的物質組成的觀點。

論證出現

* 大約在此同時（公元前500年），在希臘語世界的極西邊地，意大利南部城市**愛利亞**（Elea），**巴門尼德**（Parmenides）建立了一個與之對立的哲學學派（參見第40-43頁）。

我們都是獨一無二的，親愛的

巴門尼德

人們常常以為巴門尼德開創了一種獨特的形而上學立場，即一元論，也就是認為萬物其實是同一種事物。因此，他及其追隨者如麥里梭（Melissus）的觀點經常被稱作"愛利亞一元論"（Eleatic monism）。

一堆長燃的火，總是明滅相間

但我作了符合邏輯的證明

但宇宙從不運動，也不發生變化

* 在巴門尼德看來，宇宙儘管呈現出多種現象，但根本不運動，也不發生變化。他是第一個試圖使用邏輯證明的方法以證明這一相當違背直覺的結論的哲學家。正是自巴門尼德始，哲學開始倚賴論證來證實其猜測。

愛利亞的巴門尼德

✳ 巴門尼德是赫拉克利特的同時代人，但他們生活在希臘世界的東西兩個邊地。沒有證據表明他們曾經見過面，儘管有學者錯誤地以為，巴門尼德哲學明明白白是對其愛奧尼亞哲學同行的批駁。我們從柏拉圖的著作中得知，巴門尼德晚年曾造訪雅典，會見了年輕的蘇格拉底（公元前469-前399年），他對後者產生了重要的影響。

巴門尼德

巴門尼德（公元前515-前445年）是提出哲學基本問題中最基本的一個問題——"'是'意味着什麼？"的第一個歐洲哲學家。他可能是畢達哥拉斯學派的信徒，其哲學帶有這個學派奧菲士神秘主義的特徵。

關鍵詞

存在（Being）：
所有真實存在的事物擁有的屬性。
無（Nothing）：
即不存在。
奧菲士（Orphic）：
和古希臘神秘宗教奧菲士教（Orphism）有關的特徵。

藝術化的哲學

✳ 和其他前蘇格拉底哲學家一樣，巴門尼德的哲學是以一種詩的形式表達的。這表明，對這些早期的哲學家來說，哲學問題來源於一種藝術熱情，而不是源自對科學的興致，我們閱讀他們的哲學文本，必須探究其**比喻義**，而不應該局限於其字面意思。鑒於這個原因，巴門尼德的哲學，就如其他前蘇格拉底哲學家的哲學一樣，不可輕易與現代哲學作比較，現代哲學植根於更加強調精確的字面意思的技術文化。

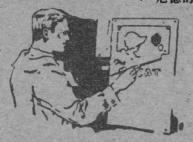

巴門尼德的夢

★ 巴門尼德的哲學表現為對一場夢的描述。在夢境中，巴門尼德被陷在一間"籠罩在黑夜中的可怕的屋子"裡，其間一位女神蒞臨，指導他尋找通往真理之光的門徑。女神說，通向所有生活的路有兩種："是"的路（the way of it is）和"不是"的路（the way of it is not）。

克爾凱郭爾

巴門尼德的夢

克爾凱郭爾

對巴門尼德來說，人類生活的方式是"非此即彼（either/or）"的方式，即在是（being）與不是（non-being）之間作一個基本的選擇。在這點上，他與現代哲學家梭倫·克爾凱郭爾（Sören Kierkegaard, 1813-55）及其存在主義哲學的追隨者相似。根據這種哲學，在生活中，你要麼選擇這種方式，要麼選擇那種方式。選擇之時，便是你的生活開始之時；在此之前，你根本就不是真正地存在（existing）。

★ "是"的路通向真理，能引導人走出黑暗。根據女神的說法，"不是"的路根本不是真正的路。這是一條"無"（nothing）的路，而不是一條"有"（something）的路，"無"是不可知的。"存在之光"（the light of being）照亮不了這條路，這是一條黑暗的路，是"不存在"。

決定性的選擇

* 巴門尼德在為自己做決定性的選擇時，並非孑然一身，有女神敦促他選擇"是"的路。根據他顯露出來的令人難以置信的智慧，如果你選擇了"不是"的路，你就會被排出在思想之外。因為"不是"不能被思考，只有"是"才能被思考，也就是說，"思想與'是'是同一的"。

這是我的生活，我應該做主

要細心選擇正確的思考方式

記住"是"的真正本質

女神警醒庸人

凡人的路

* 女神還警示不要採取另一種錯誤的方式，即"評價的路"（the way of opinion），她認為這是大多數凡人走的路。沿着這條路，"是"的路和"不是"的路被認為沒有什麼區別。因此凡人為"不是"的路取了一個名字。

* 根據女神的說法，正是在這裡，凡人迷失了方向，忘記了"是"（being）的真正的本質。那些走"評價的路"的人，在忘記了"是"的時候，也就忘記了有兩種存在和生活的模式。

★ 在這次神聖的形而上學練習中，巴門尼德得出了一個關於"是"的本質的結論，即，"是"是"**純粹的**"（pure）和"**不變的**"（unchanging）。如果"是"變化了，它將會變成"不是"，這是不可能的，因為"是"才是可能的。因此，所有的變化都是一種假象，宇宙的真正的實在（reality）是永恆的，不變的。

巴門尼德的遺產

★ 巴門尼德哲學的影響非常重要，很難作出一個適當的評判。哲學家稱揚他**開啟了關於人的存在的真正本質**的基本問題。他提出了一些深刻而真誠的倫理學問題，如"**我們應該如何生活？**"，因此他又可被視作一位早期的道德哲學家。他認為，想回答這個問題，只有先回答人類的**重要性**（significance）這個問題。

★ 主張技術專家政治論的"哲學家"，儘管發現巴門尼德的哲學風格晦澀，令人生厭，但一般還是尊重他反省虛妄的日常評價和探明事物本身的真實結構的努力。這些"哲學家"都視之為**形而上學一元論**的創始人，這種理論認為世間萬物實際上都是由惟一的一種物質構成的。

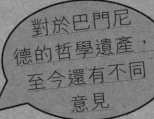

對於巴門尼德的哲學遺產，至今還有不同意見

唯名論者認為，現象與實在沒有什麼區別

現代物理學

現代物理學在努力尋求一種惟一的一致的理論以解釋整個宇宙時，力爭堅持一種形而上學的一元論。另一方面，我們日常思考宇宙的方式，往往強調其多樣性，這更多地顯示了一種多元論的原理體系。

你能夠不想這件事嗎？

宇宙的本質

✱ 前蘇格拉底哲學家的一些推想，為至今仍在使用的許多基本概念打下了基礎。其中首要的便是"一"與"多"之間形而上的區別。宇宙實際上是一種事物，還是許多不同的、形形色色的事物？那些視宇宙為一種事物的人，被稱為一元論者；主張後一種觀點的人則被稱為形而上學多元論者。

現象與實在

✱ 除了這一種形而上學模式外，前蘇格拉底哲學家還幫助創建了另一種基本的形而上學的區別，即現在我們看待世界的常識性方式的一部分。

✱ 這便是現象（appearance）與實在（reality）之間的區別。對前蘇格拉底哲學家來說，宇宙真正的本質並不如僅憑常識見到的那樣。宇宙的實在以某種方式隱藏在其現象的後面，只有以一種更加深刻的、更加深思熟慮的方式來闡釋，才能為人所理解。

✱ 現象與實在之間的區別，已經成了形而上學史上最重要和最有爭議的區別之一，我們在後文還會看到，這一區別現在仍是產生許多哲學紛爭的一個肇因。

現在的科學

✱ 認為宇宙真的實在隱在其現象之後的那

科學理論為我們描述了世界的真實圖景

宇宙依然是很神秘的

些形而上學哲學家，被稱作唯實論者（realist）。大多數現代物理學家贊同被稱為科學實在論（scientific realism）的關於世界的形而上學觀點，這種觀點認為，當今最優秀的科學理論為我們描述了世界的真實圖景。那些否認這樣一種存在於我們日常所見的普通現象之後的"實在"的人，被稱作唯名論者（nominalist），因為他們認為，抽象的觀念，如形而上學哲學家信奉的那些觀念，只以"名稱"（name）存在。

這是真實的，還是一種假象？

45

一些有影響的觀點

✳ 現在我們明白了前蘇格拉底哲學家的思想到底有多重要。然而，那些在愛奧尼亞學派和愛利亞學派之後著書立說的哲學家發展了關於宇宙的形而上學的觀點，產生了更大的影響。

德謨克利特

德謨克利特（Democritus，公元前460-前370年）推測，宇宙也許是由原子構成的，原子之間有虛空（void）。這為現代物理學和現代化學提供了哲學基礎。

火山哲學

恩培多克勒充滿激情的結局

✳ 恩培多克勒（Empedocles，公元前490-前430年）推測，宇宙由四種基本要素組成，即土、空氣、火、水，這些元素混合組成全部實在。由於萬物是由其他事物混合而成，他便認為萬物是不能被真正毀滅的，只能被重新組合成一種新類型的事物。

✳ 為了驗證他的理論，恩培多克勒跳進了埃特納（Etna）火山口，融進了熔岩。這座山位於西西里島，至今仍是一座活火山。我想你可能會說，他有點精神錯亂。

數學是關鍵

★ 另一位有重要思想影響的前蘇格拉底哲學家，便是畢達哥拉斯（Pythagoras）。畢達哥拉斯及其追隨者認為，宇宙在本質上是音樂性的，世界可以被理解為一個音樂盒（music can）。也就是說，它可以用簡單的數學比例或者和諧悅耳的聲音加以描述。畢達哥拉斯開創了幾何學研究，尋求自然界中存在的簡單而永恆的數學關係。

★ 基於他的形而上學觀點，畢達哥拉斯開創了一種宗教迷信：他信仰靈魂不朽、輪迴轉世，認為只有依照和諧的數學原理活著，才能過上好的生活。他認為真理存在於對純粹清晰的數學世界的欣賞中，這一點後來影響了柏拉圖。

哲學變得流行

★ 現在我們要談到哲學史上決定性的一段。在這段所謂的"希臘啟蒙運動"（Greek Enlightenment）時期，孜孜於哲學思考的精神有助於創造一個新的知識氛圍。從這種對於哲學問題的新的興趣中，產生了一些依稀可辨的現代形式的思想。

畢達哥拉斯

畢達哥拉斯是第一個思考人類靈魂的本質的哲學家。他信仰輪迴轉世，嚴格素食，隱身洞中垂簾講學。

嘻，嘿，

哈哈哈

德謨克利特，
笑口常開的哲學家

一個快樂的人

德謨克利特開創了一種新的有影響的哲學——原子論。這一創見讓他欣喜不已，為他贏得了"笑口常開的哲學家"的名號，儘管大多數人沒有接受這個玩笑。

雅典的影響

★ 在公元前5世紀，雅典作為宗主國的影響延及整個地中海。這使得雅典人征服了大量的殖民地人民，並強迫他們勞動。這給正在壯大的雅典中產階級更多的時間和資源，供其支配，因此他們成天在從事政治思考和哲學思辯。

幹活、吃飯、睡覺
幹活、吃飯、睡覺

你挖土，我思考

真理？

對雅典人來說，遵從努斯（nous, 即宇宙的心靈〔the cosmic mind〕）就是遵從最高形式的真理。努斯這個詞現在還用作口語，指那些憑直覺便能一舉解決日常生活中的問題的人。

重大的結合

★ 人類兩種截然不同的生活的界限，變得模糊起來，這是司空見慣的事情——**哲學家開始介入政治，政治家開始利用哲學依據使其決策合理化**。結果，哲學捲入卑鄙齷齪的政治糾紛。

由於有別人幹苦活累活，雅典人才有大量的時間高枕無憂地思辯

開始墮落

★ 雅典文化就這樣促成了哲學事業的墮落。哲學家不是對現存的看待事物的方式提出挑戰，而是自甘躋身商賈，並為當權者衛道。公元前5世紀，雅典出現了一些權力主義哲學家，如柏拉圖，他試圖利用哲學的力量維護希臘社會現存的權力關

躋身專門吃哲學飯的人的行列

係。還有一些"專門吃哲學飯的人"（spiv philosophers），又稱"詭辯家"（sophists），他們向那些肯下重聘的人出售自己在邏輯方面的技能。這個圈子，遠遠偏離了前蘇格拉底時代清白無瑕的哲學文化。

伯里克利

這個時期雅典最著名的領袖是伯里克利（Pericles，公元前495-前429年），他發動了針對雅典勁敵斯巴達的戰爭。有趣的是，他聘請哲學家阿那克薩戈拉（Anaxagoras）擔任顧問。阿那克薩戈拉反對原子說，聲稱宇宙是由強大的宇宙心靈（a great cosmic mind, 即努斯〔nous〕）統轄的。他涉足政治，導致其被逐出雅典，因為有人控告他"不敬神"。這項罪名是個筐，什麼都能裝，專門用來對付那些自以為是、愛擺譜的人。

我指責希臘人

49

純粹的好奇心

好奇心
殺死了貓

★ 儘管我們還不能完全把握前蘇格拉底哲學的目的和全貌，但對他們的哲學目的持一種寬容的態度，可能還是明智的。很顯然，他們"開啟了"(opened up)封閉的、等級森嚴的異教世界，並基於對其周圍世界"疑惑"(wonderment)和"驚奇"(astonishment)的感覺，開創了一種思維方式。

尋找合適
的鑰匙

零零碎碎

前蘇格拉底哲學家中沒有一位留下完整的著作。巴門尼德關於女神的詩篇是流傳至今的最長的作品。他們的思想是從殘篇斷簡和後人的引述中重構的。

我為人人，人人為我

★ 這樣開啟一個世界，在某種程度上也是一種政治解放的行為。異教文化在很大程度上是由巫師把持的。對前蘇格拉底哲學家來說，世界是敞開的，所有的人都能闡釋。每個個體都獨自享有自由來感受"它"(it)。

★ 前蘇格拉底的哲學家並沒有患得患失地維護他們的觀點，——其他人也能使用他們的觀點，正如他們希望的那樣；並且，一名哲學家的觀點比其他哲學家的觀點更加正確，又有什麼意思呢？不同的哲學流派之間，（至少就我們所知）沒有爭權奪利。

斯文掃地

★ 雅典哲學的出現，標誌着哲學天真無邪的孩提時代的結束。在公元前5世紀的雅典，哲學變得世俗，因此沒有了前蘇格拉底時代的仁厚優雅。在下一章我們將看到，哲學現在紆尊成了一椿營生，因而變得越來越有權勢，但哲學味越來越淺淡。庸人和技術專家此時便乘虛而入，試圖挾哲學以達成自己的目的。

★ 從此以後，哲學逐漸變成了一種制度化的行為，許多人察覺到，它在雅典社會裡起着一種教化的作用。

哲學失去了
它的純真

一種藝術形式

前蘇格拉底哲學就像一門藝術。它採用詩歌的形式傳達其意義，並試圖找到一種理解世界的優雅的方式，不僅把握住世界的結構，而且把握住其固有的美和神秘。

我只是在
表現世界固
有的美

前蘇格拉底哲學家都是些
哲學的藝術家

第二章

真理和觀點

★ 雄霸一方的雅典的哲學，是哲學史上的一個轉折點。正是在這轉折點上，導言中討論的人類提問的性質出現了重要的分裂，即分裂為三種提問的方式。這一分裂意味着西方文化發生了一個決定性的變化，結果便是高揚人類好奇的本性。

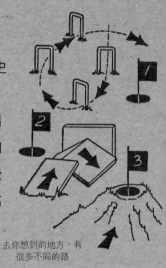

去你想到的地方，有很多不同的路

三種選擇

庸人

技術專家

哲學家

我長大後該作什麼，媽媽？

三種類型

★ 雅典人將令人好奇的世界劃分為三種類型的問題，提這些問題的分別是三種人，我把他們分別稱作哲學家、技術專家和庸人。雅典文化為歐洲現代性的發展奠定了基礎。正是雅典人，創建了一些思考和疑問的模式，與我們現代的習慣非常相似。這是為什麼？又是如何發生的？

強大的雅典

★ 我們需要審視這種公認的現代感性賴以產生的社會和文化條件。當時的雅典和我們今天的社會非常相像，都在經歷迅速和廣泛的社會變革。

罪惡淵藪

在公元前5世紀雅典的許多文獻中，雅典城被描述為一隻鼎沸的大鍋，裡面是各種罪惡，道德墮落和政治陰謀。

★ 這場變革來得非常迅速，使得前蘇格拉底哲學家超然物外的沉思冥想看上去特別不合時宜。雄霸一方的雅典倚仗開拓殖民地，財富豐實；緊隨這富足產生的是自大和貪婪，埋下了文化罪惡的禍根，最終導致了哲學的毀滅。

★ 我們可以發現，在公元前5世紀的雅典，歷史性地誕生了"理性崇拜"（cult of reason），這對於大約2,000年後建立技術專家統治的世界秩序，很有影響。正是在這個時候，出現了某些重要的思想家，他

金子堆積如山

們聲稱，正確的知識在本質上不是思辯的結果，而是基於人類的"理性能力"（rationality）。

錢，錢，錢

不擇手段得來的錢

雅典社會孕育了所有的罪惡

雅典是艷陽高照，
還是陰雲密佈？

變動的局勢

✱ 雅典成了一個重要的經濟和軍事強國，便創建了一套極其複雜的民事管理制度。古老的宗教和新興的民主政治權力並存，爭執難泯。激進的民主派和保守的貴族聯盟之間的對立，從文化上侵蝕了許多可貴的雅典傳統。

追求權力和知識

✱ 古老的雅典文化分崩離析，政治氛圍日益自由並超越了民族的偏見，新興的政治集團由此應運而生。

✱ 殖民地的繁榮，帶給大多數的雅典本地男性居民一些新的自由，一種至關重要的哲學精神得以流行。對於"哲學知識"（philosophical knowledge）的需求增長，雅典政治集團中的傑出之士及其雄心勃勃的子孫也發現，哲學家的觀點和方法，利用得當，可能成為強大的政治武器。一些政治領袖人物聘請哲學家充當專門的顧問，哲學開始不再關注宇宙問題，轉而沉醉於權力。

✱ 當時，雅典自己聲稱實行民主制度，

安靜，親愛的，
我們男人主管
一切

歐里庇得斯的戲劇
推崇快樂和自由

歐里庇得斯

在雅典劇作家歐里庇得斯（Euripides）的作品中，雅典被描繪為一座"光榮"神聖的城市，捍衛着自由和美的價值。不幸的是，這並沒有使他免於遭受其雅典同胞的嘲笑，並被迫流亡到馬其頓。

哲學是在什麼時候迷失了方向？

政治官員由大多數人選舉產生。然而，只有**男性雅典人才被允許擔當政治職務，婦女和奴隸（為數甚眾）則被禁止參與這個城市的政治生活。**因此，儘管雅典自以為是政治自由的指路明燈，但這並不代表希臘其他城市對它的看法。對許多人來説，不管是雅典人還是非雅典人，雅典都被認為是殘忍和墮落的。

有錢就有權

準備迎接
一場重大的
社會動亂

非凡的殖民地居民

✲ 在希臘世界，此時正值多事之秋。希臘諸邦合力擊退了波斯人的入侵，隨即便開始了激烈的內戰，是謂伯羅奔尼撒戰爭（Peloponnesian War）。雅典與斯巴達（Sparta）之間發生了劇烈的軍事衝突。斯巴達是一個保守的軍事社會，與"民主的"雅典在文化上相對抗。

雅典戰士

斯巴達人

✲ 斯巴達是一個封閉的、自給自足的文明，其統治者沒有雅典統治者那樣的圖霸天下的野心，而是把自己視為希臘世界諸邦的保護人，意在遏制雅典的霸業擴張。在這等政治危難、社會變動的情況下，雅典統治者不再祈求於神明，轉而尋求哲學的幫助。

關鍵詞

詭辯家（Sophist）：
四處遊走，向人傳授修辭術以掙錢的哲學家。

修辭術（Rhetoric）：
使用語言說服他人的技巧。

相對主義（Relativism）：
認為所有的真理都是相對於特定時間特定的人的利益而言的，沒有絕對真理和價值觀。

事實上，這不是由神決定的——問問哲學家吧，小夥子。

庸人似的詭辯家

★ 然而，在哲學市場擴大時，一些不道德之輩認定，欣欣向榮的"哲學行業"（philosophy business）蘊藏着巨大的利潤。這些人傳授他們的偽哲學（pseudo-philosophy），人們稱其為詭辯家（the sophists），他們發現，在哲學剛剛開創的論證形式中，有着賺錢的可能性。這些有系統地把許多觀點組織起來的方法，曾被愛奧尼亞和愛利亞的哲學家使用，以證明其新得的形而上學理論，這時則成了說服雅典大眾，煽惑他們相信被認為於政治有利的東西的工具。

★ 詭辯家傳授的價值觀與庸人的有相似之處，諸如：一個人惟一真正的利益便是利己；沒有真理之類的東西，只有感覺（taste）和觀點（opinion）；聰明人不應該對世界冥思苦想，而應該努力去說服並操縱他人為自己牟利。因此詭辯家是一些相對主義者，他們向雅典的富家子弟傳授修辭術，據說，這些富家子弟支付重金學習他們的"技能"。

詭辯術惹人生厭

在雅典的各個政治等級中，詭辯家都不受人喜歡，這產生了很久遠的影響，時至今日，"詭辯家"一詞已經成了一個罵人的詞。

哲學並非變得不值錢

頂級詭辯家

詭辯家中最有名的是普羅泰戈拉（Protagoras，公元前491-前421年）和高爾吉亞（Gorgias，公元前485-前380年），但名聲地位稍遜的也有很多。他們都是到處巡迴的教師，大多來自雅典的殖民地，想在雅典輕輕鬆鬆斂點錢財。

蘇格拉底初說

★ 正是在如此紛紛擾擾的文化情形下，出現了古往今來也許最偉大的哲學家——蘇格拉底（Socrates，公元前469-前399年）。我們對於其哲學的瞭解，全部來自其弟子柏拉圖（Plato，公元前427-前347年）的著作。柏拉圖在其著作中毫無顧忌地利用蘇格拉底的品德聲望來說明他自己的哲學觀點。因此，對於蘇格拉底其實是什麼樣子，現在還眾說紛紜。然而，我們還是可以作些明智的猜測。

關鍵詞

缺點（Akrasia）：
即缺乏自知之明和自我瞭解；自己欺騙自己。

**問答法
（Elenchus）：**
在我們的觀點中尋找內在矛盾的辯論方法。

迷陣（Aporia）：
一個人被迫承認其觀點自相矛盾時思路混亂的狀態。

這都是我的作品

柏拉圖為蘇格拉底畫了
一幅肖像畫

柏拉圖對蘇格拉底
的描述

★ 柏拉圖早期的著作中沒有提到一些足以使之成為當之無愧的著名哲學家的哲學觀點。因此，我們不妨假設，這些早期的著作對蘇格拉底思想的敘述基本沒有偏差。這樣我們就可以認為，這些文本為我們提供了一幅理應很精確的蘇格拉底畫像。

★ 在這些文本中，蘇格拉底被描述為一名反對詭辯家的主要人物，關注詭辯家對雅典年輕人的思想習慣產生的影響。他試圖保存一些原始的哲學精神，以反對詭辯家們虛張聲勢的偽哲學。然而，蘇格拉底從未提出過自己的哲學，似乎甘心承認自己是個遲鈍、無知的人，不知道為什麼，他（以及其他所有人）似乎由於缺乏真正的知識（缺點，akrasia）而遭受痛苦。

蘇格拉底

蘇格拉底抨擊庸人

★ 蘇格拉底創造了自己獨特的哲學方法，用以暴露詭辯家新創的平庸哲學的缺陷。這種方法被稱為問答法（elenchus，意為反駁），在柏拉圖專門論述詭辯家思想的兩部作品中，可以清楚地發現這種方法。這兩部作品，以當時最重要的兩位詭辯家普羅泰戈拉和高爾吉亞命名，再恰當不過。

★ 問答法是質問某人以便揭露其陳述中的矛盾之處的方法。蘇格拉底創造這種方法，意在在那些試圖以膚淺、愚蠢的方式界定事物本質的庸人中造成一種混亂狀態（即迷陣，aporia）。

問答法

問答法是這樣操作的。假設一個庸人說，他知道好生活真正的本質，並大膽地聲稱，我們都應該盡量多地攢錢。這時蘇格拉底會努力揭示庸人還信仰與此相衝突的價值觀，譬如信仰愛和尊敬的重要性。蘇格拉底就會反駁說，庸人其實並不瞭解好生活的本質，儘管他或者她擁有這方面的知識，但他們其實對這個問題一無所知。

蘇格拉底傳奇式的崇高地位，並非僅僅因為他被當時庸人領導的雅典政府殘酷地判處死刑。他的哲學聲譽，來源於他過着一種真正的**哲學家的生活**，歷史學家在這種生活中很難考證出蘇格拉底的行迹事狀是何時結束的，其哲學思想又是何時出現的。

然而，
什麼是
美德呢？

蘇格拉底

✱ 蘇格拉底是明確提出"什麼是美德（virtue）？"這一問題的第一位道德哲學家。對公正（justice）和好生活本質（the nature of the good life）的關注是蘇格拉底哲學的重要前提。儘管他本人沒有著述，但人們大多認為，蘇格拉底相信美德在於知識，尤其是有自知之明。

問題就是好

✱ 蘇格拉底的倫理學，可以概括為一句話："未經審視的生活不值得過。"因此，對蘇格拉底來說，問題就是好的，好生活始於好奇。然而，這麼一種很顯然溫和、樸素的思想，由於是哲學上真誠（政治上天真）的蘇格拉底所信奉的，便具有了社會顛覆性。

蘇格拉底惹惱了民眾

✱ 蘇格拉底喜歡在雅典市場上逡巡，查問別人對他們自己知道些什麼。他養成這個習慣，可能是因為當時巫術權力階層尊崇的特爾斐神諭（特爾斐阿波羅神廟被認為是世界的中心，祭司在這裡發佈諸神的

你的倫理
原則是
什麼？

啟示）宣稱，蘇格拉底是全人類中最聰明的人。

★ 神諭上刻的識語是"認識你自己"，蘇格拉底對此可能非常高興，便試圖把這條巫術識語轉變為個人的倫理準則。他決定弄清楚雅典的民眾在何種程度上符合他自己極高的倫理預期。

★ 為了達到這個目的，蘇格拉底會問別人，譬如說一個鐵匠吧，他是怎樣幹他的活兒的？這鐵匠常常會這樣回答："我怎麼知道？我只是做就得了。"蘇格拉底在撇下這窮人之後痛聲呼道，這名鐵匠對自己一無所知，缺乏基本的德性。

★ 這也許是對的，但評估事情有多種方式。蘇格拉底對原則的關注，沒有給他人的弱點留下充足的空間。這導致大多數人看着他就生厭，在他被**審判**時都袖手旁觀，只有很少的幾個人願意為他辯護。

蘇格拉底也許十分惹人討厭

審判

蘇格拉底不斷地提問，最終招致有人指控他"不敬神"。有各種說法認為，只有很少的雅典人希望蘇格拉底因這項指控被置於死地；其實多數雅典人只是希望蘇格拉底能認個錯。但是，蘇格拉底在被審判時倔強地拒絕接受任何指控，使得大多數雅典民眾倒戈反對他。

一個公認的哲學家

∗ 然而，蘇格拉底從來不聲稱自己有智慧。事實上，他明確地表示，他對自己也一無所知，正如其他所有的人對他們自己一樣。他只是想指出人們普遍缺乏自知之明，以便人們能有所作為，並以一種更加深刻和有效的方式審視自己的思想和行為。蘇格拉底是第一個大張旗鼓高揚反省式思考的哲學家。也因此被公認為哲學家的第一人。

我眼前看見的
這個人是誰呀？

認識你自己

也許，對蘇格拉底思想的最好的批評，是**迪奧格尼斯·累爾提烏斯**在其《哲學家列傳》中作的，該書作於蘇格拉底死後約700年。他在書中描述了蘇格拉底的生平，稱蘇格拉底經常勸戒年輕人要對着鏡子注視自己，以便他們能更清楚地見着自己的可人之處以及補救自己的缺失。

警惕孤芳自賞

∗ 但是，把蘇格拉底視作**哲學救世主**也不對；他的哲學，如果太拘泥於字面意思，可能被認為**過於自我膨脹，有些自傲自大**。對蘇格拉底來說，只有面對自我意識的鏡子審視自己，才能有自知之明。但是，如我們所知，那些在鏡子前注視自己過久的人，會得自我迷戀症，就像古希臘神話中那喀索斯（Narcissus）的故事一般（故事講的是一名少年愛上了自己在河水中的倒影，結果變成了一朵花）。

★ 在某種程度上，這就是真實的蘇格拉底，其生與死的真諦應該是，**不論你顯現出多少美德，你都不要讓它進入你的腦海**。

蘇格拉底：哲學家中的英雄

★ 然而，和他那些顯而易見的美德相比，這些缺點不值一提。作為哲學家追求智慧的催人淚下的先驅，蘇格拉底不僅非同一般，而且是後世所有哲學家的楷模。**蘇格拉底選擇了獨立思辯的自由生活，而沒有選擇詭辯派的生活招搖撞騙、操縱他人**。他選擇了結束生命，而沒有苟同眾人；他死了，坦然而匆忙，帶着正義，說明哲學並非天馬行空、怪念迭出。

我從來不吸入

只要你不吃這一套，阿諛諂媚就不會礙着你

視死如歸

蘇格拉底成了替罪羊，部分是因為雅典最高統治權崩潰衰朽。雅典政府稱他犯有腐蝕青年的罪行——因為他告誡青年要相信自己，而不是相信那些古老的神靈——而判處他死刑。蘇格拉底不願就他過去的所作所為道歉，反而提出要雅典政府道歉，遂被令飲鴆自盡。

我，蘇格拉底——他可是一個英雄

哲學衛士

★ 如前所述，詭辯家們首先開創了基於當時日常生活常識的世俗哲學。蘇格拉底的方法，則揭露了嘗試以一種常識來理解世界的致命缺陷，開啟了哲學思辯之窗。

阿里斯托芬（Aristophanes）
在其戲劇《雲》中取笑蘇格拉底

蘇格拉底——哲學衛士

模範公民

蘇格拉底是雅典的一位模範公民。我們自許多其他的評論家處得知，他曾在雅典軍隊裡打過仗，因勇敢而受到讚揚。

回歸傳統

★ 因此，蘇格拉底可以被視作**哲學美德的衛士**，他反對勢力強大的文化平庸（**cultural philistinism**）。然而，**雅典庸人的權力非常短命。窮兵黷武且保守的斯巴達人贏得了伯羅奔尼撒戰爭，並統治了戰敗的雅典。當某種程度的自治恢復時，人們便紛紛開始反責。**

★ 雅典人認為，他們戰敗，是因為他們忽視了自己的諸位神靈，與雅典政權的列祖列宗失去了聯繫。那些對雅典的權力階層提出質疑的人，成了雅典軍事失利的替罪羊，舊的統治階級開始更多地基於傳統的價值觀建立一種新的政治秩序。

柏拉圖的社會解決方案

✱ 蘇格拉底之後便是柏拉圖。柏拉圖（Plato）出身一個富裕的雅典貴族家庭，**師從蘇格拉底**。公元前399年，他出席了對蘇格拉底的審判，他對這樣一位道德高尚的人將被判處死刑感到震驚，便為蘇格拉底寫了一篇辯護詞，稱作《辯護》（The Apology）。

✱ 在這篇文章和此後的文字中，柏拉圖指責蘇格拉底的死極不公正，應歸咎於民主。他批評民主制度縱容喪失理性的暴徒，受卑劣、野蠻情感的驅使，統治了這座城市。

✱ 柏拉圖認為，解決民主制度混亂的惟一方法，是利用哲學建立一個完美有序的社會，其中每個人都知道他們的位置，並毫無疑問地接受下來。

✱ 在柏拉圖的筆下，蘇格拉底成了柏拉圖自己的極權哲學（authoritarian philosophy）的代言人。在柏拉圖中期和晚期的作品中，蘇格拉底不過是詭辯家的眼中刺——柏拉圖開始憑藉自身的實力，系統闡述其形而上學觀點，那些真正屬於他自己的觀點。

阿里斯托芬

對詭辯家來說，蘇格拉底往往是錯誤的，劇作家阿里斯托芬在其諷刺劇《雲》（The Clouds）中對蘇格拉底和詭辯家都冷嘲熱諷，以之為愚不可及的書獃子。但蘇格拉底決不是詭辯家，他一直在試圖阻止哲學陷入雅典集市（agora）中玩世不恭文化的泥潭。

柏拉圖的方案：
通過接受建立一種秩序

65

柏拉圖掌握中的
蘇格拉底

★ 在柏拉圖晚期的著作中，蘇格拉底被用來反對那些企圖通過相關事物來定義某一事物本身特性的嘗試。如 "好"（good），根據其他東西，如擁有大量金錢來定義其

吃，遛彎兒，小跑，嘶鳴，疾馳，流汗，吃

特性，將會導致混亂。因此，"好"（goodness）一定是獨立存在的，從各個方面講，這個詞都是有意義的。對柏拉圖來說，每個實詞，例如 "馬"（horse），都指稱如此命名的這一事物的一種本質特性——如 "馬性"（horseness）。

我是馬
還是牛？

馬性

正是因為我們知道何謂 "馬性"——所有的馬都具有的永恆的本質——我們才能夠把任何一匹特定的馬識別為馬。任何特定的馬都共有馬的形式，正是這一點使得它們成其為馬，而不是別的什麼東西，比如說牛。

事物的本質

★ 柏拉圖何以認為，所有存在的客體及其特性都包含着這樣一種根本的本質（essence）呢？對柏拉圖來說，現象的世界並非可靠的知識之源，和巴門尼德一樣，他在不變的、永恆的存在領域（realm of being）中尋找正確知識的來源。他認為這個存在領域充溢着他所說的形式（forms），每一種形式都代表一種特性或一種事物的根本的本質。

是的，夫人，今天我找到了馬的本質

✳ 在現象領域，每個客體或特性，譬如"馬"，在永恆的存在領域都有一個觀念的形態（ideal version）與之相關聯。人類能夠理解客體的這些觀念形態，這一事實使得認識日常生活中的客體完全可能。

你怎麼看永恆的存在領域？

它有很多鴨子的特性，因此肯定是隻鴨子

這是什麼？

> **關鍵詞**
>
> **形式（Forms）：**
> 一個特定事物的、界定該事物性質的永恆的根本結構。例如，一把椅子的真實的實在，並非其呈現於普通人的方式，而是其在形式世界裡的觀念的表象（representation）。

識別事物

✳ 因此，柏拉圖認為（借助其代言人蘇格拉底之口），哲學的基本問題不再是形而上學問題"它是什麼？"，而變成了認識論問題"我們如何認識它？"。對柏拉圖來說，僅僅是因為我們瞭解事物的形式——也就是事物永恆的、先驗的、普遍的本質——我們便能夠識別特定的一個事物。

這是些什麼？

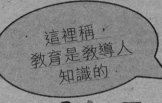

這裡稱，教育是教導人知識的

形式領域

★ 柏拉圖從這些認識論和形而上學學說中，得出了某些重要的社會結論和文化結論。首先，根據柏拉圖的說法，教育應該是教導人們認識永恆的形式領域，而不是像詭辯家倡導的那樣，教導人"如何羅致朋友，影響他人"。

讓我出去，我還有事要做呢

技術專家治國論者

柏拉圖認為，"真理"應該是專家關心的事情，大多數人卑微愚昧，不與其事，這一事實使得柏拉圖成為主張技術專家治國論的第一位"哲學家"。

出生之前的生活

★ 在柏拉圖看來，每個人都在出生之前接近過這個領域，但出生後就忘掉了這個永恆的觀念化的客體和特性的領域，而忙於其他的俗務。柏拉圖認為，教育的任務是幫助人們回憶起於他們不言自明，後來又不知怎麼忘記了的一些東西。它是從潛藏的心靈深處"把知識抽出來"（drawing knowledge out），而不是簡單地把"把知識塞進去"（putting knowledge in）。

哲學家的職責

★ 乍看之下，柏拉圖的哲學似乎非常淺陋，但細審之，會發現裡面有一些強大的專制主義潛流。這些潛流，在其最重要的著作《理想國》裡所作的著名的洞穴的比喻中，一眼就可以看出來。柏拉圖在其中描述了普通人的哲學境遇，將其比作人們被鎖在一個洞穴的壁上，只有後面的入口透來一絲光線。人們所見的，只是經由洞外運動着的神秘無形的東西投在牆上的影子。大多數人愚昧無知，以為這些影子就是實在（reality）。哲學家的作用，便是把這些人從虛幻的存在中解放出來，護送他們到達明亮的知識最高點，直至進入真實的、永恆的存在領域。

不們需要的是解放

★　正是由於哲學家擁有這種高超的知識，才有可能**逃離日常生活中的虛幻世界**。在柏拉圖看來，只有哲學家

聽我的！我知道得最多

才懂得最多，只有那些能從現象的幻影裡敏銳地把握永恆形式的人，才適合指導芸芸眾生接受永恆真理的啟示。

柏拉圖的國家

★　在《理想國》裡，柏拉圖提出了其關於人的靈魂的性質的理論，並運用這個理論建造了一個在他眼中最為**理想的國家**模型。

靈魂

在柏拉圖看來，人的靈魂由三個相互獨立、相互對抗的部分組成：理智（the reasoning part）、激情（the spirited part）和慾望（the appetitive part）。柏拉圖認為，靈魂中最高級的、最受推崇的是理智（也稱大智，intellect），因為只有這個部分才能理解永恆形式世界中的絕對真理。靈魂中的其他兩個部分，從道德上看，不如大智重要，因為它們雜亂無章，難以駕馭。

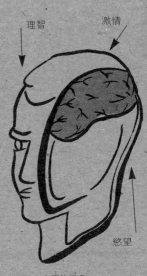

理智　　　激情

慾望

永恆的三角

等級制的理想

✱ 柏拉圖認為，他的理想國應該是遵照與靈魂一般的模式組織的。社會應該分為三個不同的階級：哲學專家在社會等級的頂層；尚武的勇士階層居中；感情用事、難以駕馭的大眾在最下層。處於底層的人應該生產商品，侍奉上層階級，但上層階級應該以其知識和勇氣保護底層。

學園

柏拉圖的學園為後世所有的大學提供了樣板，即便今天，在某種意義上，所有的大學也是依照柏拉圖的原則組建的。

罷黜詩人

✱ 最重要的是，在柏拉圖的理想國裡沒有詩人的一席之地。詩人喜歡作光怪陸離的想像，對柏拉圖理想城邦（ideal city-state）的理性哲學秩序是一種威脅。

✱ 因此，在柏拉圖看來，如果任何一種社會秩序要延續後世，詩人就非得被驅逐出城市不可。

✱ 可以說，人們在現代社會裡也能發現柏拉圖的政治哲學仍然在起作用。這是一個重要問題，我們在後文還要回頭討論。

你們可以走人了！

柏拉圖的眾弟子

❋ 因此，柏拉圖的認識論和政治主張之間有着某種密切的聯繫。柏拉圖的哲學認為，有一個永恆的真理世界，只能為少數接受過教導的人所認識。因此，如果我們希望根據真確的原則組成社會，阻止世人一時衝動接受欺騙性的流行觀點，就應該臣服於諳熟哲學的國王。

❋ 在柏拉圖看來，世上只有一種形而上學的真理——這便是他的形而上學理論——也只有一種認識這真理的途徑——師從他。為了使他的絕對真理在他身後能流傳後世，柏拉圖建立了自己的學校，即"學園"（the Academy），致力於教授那些"最聰明"的年輕的希臘人認識真理的技巧。在此我們可以明白，知道我們這些芸芸眾生該做什麼的"專家"出現了。

亞里士多德的自然觀

❋ 在柏拉圖的弟子亞里士多德的著作中，哲學最終完成了蛻變，開始為技術專家統治論辯護。

❋ 亞里士多德消除了古典柏拉圖哲學中殘留的最後一點疑惑。他認為，在某個先驗的、永恆的世界，形式是不存在的，但它在自然界（Nature）是內在的。他的理論是試圖將自然界進行分類整理的第一個系統化的理論。

柏拉圖的遺產
便是雅典學園

亞里士多德

亞里士多德（Aristotle）公元前384年生於馬其頓。他的父親是當地一名交遊甚廣的醫生，是馬其頓國王的朋友和御醫。亞里士多德到雅典學園師從柏拉圖，其後返回馬其頓，任十來歲的亞歷山大大帝（Alexander the Great, 公元前356-前323年）的私人教師。亞歷山大後來成了一名瘋狂、專制的暴君，征服了南歐、北非以及今天中東大片土地。亞里士多德對於赫赫的亞歷山大的道德成長和文治武功有什麼影響，只能靠臆測。

就這些
嗎？

邏輯學的誕生

★ 從亞里士多德始，哲學便倡導技術專家統治論，堅定地侍奉和拱衛技術性的科學。亞里士多德的哲學因此可以被視為現代生物科學的奠基之祖。另外，亞里士多德還是第一位試圖將論證分類的哲學家，在有效論證和無效論證之間作出了區分。他這樣試圖制訂論證的技術規則，開創了論證的科學——邏輯學。

哲學：
第一道菜

書商參與其事

★ 刊刻亞里士多德著作的書商首先區分了物理學和形而上學。亞里士多德寫成了其關於物理學的著作後，又寫了一本著作，進一步探討前一本書中衍生的一些哲學問題。不幸的是，他沒有給這本新書取個名字，他的書商認為"METAPHYSICS"是個最合適的名字，意思是"在物理學之後"。這個詞就這樣流傳了下來，一度是最容易使人產生誤解的哲學術語，令哲學家們大傷腦筋。

★ 在亞里士多德看來，物理學處理的是如何解釋自然世界的問題，而形而上學解

你搞清楚形式了嗎？

決的是"單純的是"(being as such)。亞里士多德認為，"單純的是"，或曰"它"(it)，可以按十個範疇來理解：即實體(substance)、數量(quantity)、性質(quality)、關係(relation)、地點(place)、時間(time)、姿態(position)、狀況(state)、活動(action)、傾向(affection)。這些範疇中最基本的是實體，因為它代表了任何事物固有的、基本的本質。亞里士多德認為，實體由形式(form)和質料(matter)組成，前者賦予不確定的質料以明確的外形。

實現你的潛能

★ 在亞里士多德的形而上學中，還有一個重要的區分，便是現實(actuality)和潛能(potentiality)。在亞里士多德看來，宇宙中存在着內在的推動力，因為每一事物都在其內部包含使其變為最終想成為的那種樣子的潛能。比如，橡樹果實是潛存的樹，小孩是潛存的成人，政客是潛存的小偷。在任何事物發展的整個過程中，始終不變的是其實體，其發展則是由其形式決定的。就此而言，亞里士多德還算是柏拉圖的弟子，兩人都可被視為技術專家統治思想的奠基人。

上帝干預世間萬物

我們就要開始講述哲學史上新的一章，其時哲學受到一種新產生的強大的宗教力量——基督教的潛移默化。隨着基督教的出現，所有的哲學思考，都轉而以證明猶太教和基督教信奉的上帝存在，以及五花八門的宗教信仰為目標。哲學成了神學的基本武器。這是否就是所謂的才出油鍋，又落火坑？

上帝干預世間萬物

斯多葛派與懷疑派

★ 在從希臘哲學轉而講述羅馬哲學和基督教哲學之前，還有三個哲學流派值得一提。其中最重要的是斯多葛派（Stoics），這個哲學流派是公元前4世紀末由西提姆（Citium）的芝諾（Zeno）在雅典創建的，其哲學被稱為斯多葛主義，所以被這麼稱呼，乃是因為斯多葛派學者常常在一處名為 "雅典柱廊"（Painted Portico）的門廊（希臘文作 "Stoa"）下講學。

斯多葛派在雅典柱廊下聚會

斯多葛主義的流傳

斯多葛派的主張越來越流行，其影響從希臘延及羅馬。塞涅卡（Seneca, 公元前5年-公元65年）是瘋狂的羅馬皇帝尼祿（Nero, 公元37-68年）的太傅，據說他對斯多葛派 "縱情即罪惡" 的觀點銘刻在心，可憐的是他未能諫止他的主子使之確信這是事實。

在柱廊下

★ 他們宣稱，最重要的哲學問題是**倫理問題**，有德行的生活乃是 "**始終不渝地生活**"（getting on with it），當生活乖蹇時，不要沉湎於自憐中而不能自拔。然而，他們確實保存了真正的哲學精神，並對宇宙和我們人類在其中的位置竭力保持一種**好奇心**（sense of wonder），其時第歐根尼（Diogenes）的犬儒主義正日益大行其道。斯多葛派的哲學觀點本質上是與倫理有關的：他們認為我們都是宇宙的公民

斯多葛派認為，始終不渝地生活是幸福生活的關鍵

（即世界主義，cosmopolitanis），我們彼此之間都有一種責任。

★ **然而，我們必須承認，在宇宙中我們能做的只有這麼多，在本質上，宇宙是我們無力控制的。**在斯多葛派看來，智睿和有德行的人面對不確定的和充滿敵意的世界，能保持理智，因此"信仰斯多葛主義"的說法，常常用來指那些身遭厄運卻能自我放鬆的人。

關鍵詞

斯多葛派（Stoic）：
倡導面對厄運要恢復冷靜的倫理，信仰自由的世界主義的政治主張。

犬儒學派（Cynic）：
信仰個體的自足，對"腐朽的世界"避而遠之。

懷疑派（Sceptic）：
聲稱連掌握知識和真理都是不可能的。

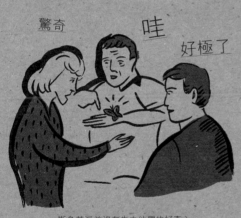

驚奇　哇　好極了

斯多葛派並沒有失去他們的好奇心

不要提問

★ **大約與此同時，庇羅（Pyrrho）在倡導一種被稱為懷疑主義的哲學。這種哲學一度為詭辯家所推崇，庇羅認為，要過上一種有德行的生活，惟一的途徑便是擯棄所有的哲學，並避免提出這樣的問題，因為這些問題沒有答案。**

虛無主義

懷疑論者認為，最好的事情，是不要相信任何東西，放棄一切，盡可能不要懷有情感。你可能會說，他們的哲學觀點，與一些現代右翼政治家的哲學觀點有明顯的類似。

75

如何尋求真理

✳ 到公元3世紀末，柏拉圖哲學的一些觀點重新流行。這在很大程度上歸功於普羅提諾（Plotinus, 205-270），他對柏拉圖敬若神明，創立了自己的學派——新柏拉圖主義，試圖將柏拉圖哲學和東方的神秘主義思想改造為一種新的神秘宗教。

重新審視柏拉圖

關鍵詞

新柏拉圖主義（Neoplatonism）： 基於柏拉圖晚期的著作創建的古代神秘主義哲學。

太一（The One）： 體現神聖的宇宙之道（logos），無以名狀的自足的統一體。

獲得終極自由

解放靈魂

✳ 新柏拉圖主義哲學的終極目的是**解放靈魂**，放棄感覺的具體世界，以便這被解放的精神（spirit）能與神聖的"太一"（the One）合而為一，以臻化境。在這種狀態下，個體感受不到他自己，而認同"全"（the All）——現在更多地稱作神（God）。正是在這種先驗的自我死亡的過程中，真理被展示在新解放的個體面前。

三位一體

✳ 和柏拉圖一樣，普羅提諾認為，真理存在於虛幻的現象世界之外的另一個世界。然而，普羅提諾把這個世界分為三個層次，最高的存在是太一（the One），其次是精神（the Spirit），最底層是靈魂（the Soul）。只有斂心冥想最高層次的存在，放棄日常世界,才能獲得真正的解放。因此,普羅提諾的哲學表現為宗教觀念和哲學觀念的一種混合,其在形而上學上對永恆的"太一"的三重劃分,後來演變成**"聖父、聖子、聖靈"**三位,這是基督教的形而上學基礎。

羅馬人對哲學思考得並不多

在羅馬

✱ 哲學家再也未能獲得其希臘前輩那樣的重要地位,羅馬文化傾向於把哲學思想視為奇貨可居的古董。在羅馬歷史上佔有重要地位的觀念,不是哲學觀念,而是宗教觀念。和公元1世紀在巴勒斯坦出現的宗教觀念相比,古典哲學的重要性就微不足道了。

快樂、快樂、快樂

和柏拉圖不一樣,新柏拉圖主義者認為,認識真理是一種快樂的體驗,根本不像柏拉圖認為的那樣與演繹幾何類似。事實上,普羅提諾聲稱,與神聖合一,能夠在那些從哲學上掌握了這一神秘的永恆真理的人中產生極度的迷醉。因此,其主張在羅馬青少年中盛行一時,便不足為奇了。

法學

羅馬產生的惟一重要的新思想,便是**法學**(jurisprudence,也就是法哲學)。從羅馬法律中,我們可以知道,法律適用於所有的人,不論是什麼信仰和文化(即**萬民法**,jus gentium),這一觀念,很顯然是"人人都享有權利"這一現代理念的先驅。

關鍵詞

祆教
(Zoroastrianism)：
古代波斯宗教，認為宇宙是光明與黑暗兩種力量之間無休無止的鬥爭。

猶太教（Judaism）：
猶太人的宗教，在很大程度上孕育於困厄時期，希望能從將來現形的彌賽亞那裡獲得解救。

快樂主義
(Hedonism)：
認為快樂是最終的善。

一種受歡迎的信仰

祆教現在還有很多信徒。前流行歌星弗雷迪・墨丘里（Freddie Mercury）據說就曾信仰過這種宗教。它對哲學史影響至深；據說德國哲學家尼采（Nietzsche）也曾贊同過這種宗教的一些教義。

上帝和宇宙

★ 亞歷山大大帝的軍事行動，對於將希臘文化的影響擴張到今天的埃及、中東，並遠及印度，發揮了重要的作用。這幾乎不可避免地使得希臘文化與其他遵奉完全不同的宗教和哲學傳統的文化有了接觸。在新開拓的殖民地，亞歷山大被許多臣服的人視作神的化身。

相互影響

★ 但淪為殖民地的地區對殖民者也有影響，其中輸入到古希臘、羅馬世界的兩種最重要的文化，是**祆教**（來自波斯）和**猶太教**（來自巴勒斯坦）思想。

★ 這些思維方式對古典世界的長期影響是巨大的，它們產生的影響最終證明，古典世界不能僅僅倚賴羅馬的"麵包和競技"活着。

這比以前羅馬的麵包要好一點

★ 公元前323年亞歷山大死後，希臘帝國崩潰，地中海的政治權力由東向西轉移，從希臘轉移到羅馬。公元前146年，希臘淪為羅馬的殖民地，羅馬開始了對歐洲的文化統治，一直延續到大約500年後野蠻人入侵。

法律和政治規則

★ 羅馬皇帝（直到公元1世紀，羅馬的**平民大眾**都視之為神）擁有絕對的權力，其基礎便是由職業政治家組成的**貴族階級**。他們把持着龐大的官僚機構，依據一種根本**大法**（這是羅馬的創造）進行統治，並有組織嚴密的**專業化軍隊**支持。因此，羅馬社會可以被視為多神教和技術專家統治制的一種混合，用不着哲學家做漫無邊際的冥思遐想。

★ 羅馬惟一有名望的哲學家是**盧克萊修**（Lucretius，公元前98-前55年），他是希臘哲學家**伊壁鳩魯**（Epicurus，公元前341-前270年）的信徒。和伊壁鳩魯一樣，盧克萊修是一名**倫理快樂主義者**（ethical hedonist），但在他的著作《物性論》（De Rerum Natura）中，盧克萊修對真正的羅馬精神作了哲學思考，並思考了宇宙的法則。

不管你高興不高興，就是這樣子

帝權

根據羅馬的法律，古老、傳統的權力形式得到恢復。多神教成了官方支持的宗教，帝國君主制則成了惟一合法的政治體制。

羅馬哲學並非惟一的出路

福音真理

★ 作為羅馬的殖民地，巴勒斯坦在當時許多激進的猶太教教派的某些信眾中，是一處遺恨之地。巴勒斯坦還是希臘、猶太和波斯哲學交滙的地方，在這個大熔鍋中，產生了一種後來成為中世紀歐洲的基礎的新的宗教——基督教。

各教派之間着實有一場爭鬥

上帝創造萬物

諾斯替教

諾斯替教聲稱，宇宙是由邪惡的上帝創造的。在諾斯替教徒看來，耶和華，猶太人的神，是邪惡的，它惡意地創造了宇宙，把人類的精神囚禁在罪惡的肉體裡。

因此，諾斯替教徒認為，**物質**，即耶和華創造的東西，就是惡。

耶穌是一名激進的猶太人

★ 儘管我們對歷史上耶穌其人——基督教的創始人——的生平幾乎一無所知，但現在人們廣泛地認為，他的思想，與那些在死海沿岸建立教區的激進猶太人的組織在著作中表述的思想，是相類的。這

激進的耶穌

些猶太思想家信仰正統派猶太教的基本信條，認為世界是由一個惟一的上帝創造的，但他們也受到被人稱為**諾斯替教**（Gnosticism）的波斯祆教的一支的影響。

諾斯替教的主張

✱ 在諾斯替教徒看來，真正的上帝，不是現世中的，但終歸要顯形。諾斯替教徒認為，並非只有一個上帝，而是兩個：一個是惡的上帝，一個是善的上帝。因此，他們反對一神教（即認為只有一個上帝），即耶和華的訓誡裡所說的 **"除我之外，你不可有別的神"**。諾斯替教徒認為，真正的善的上帝完全脫離現實的物質世界，因此，即便以一種最思辯的方式，也是不可能被認識的。**真正的現實世界，存在於只能生活其中、不可思辯了悟的精神生活之中。**

✱ 在耶穌被釘上十字架後，許多人認為他是善的上帝（被後來的諾斯替教徒，如20世紀的德國小說家赫曼・黑塞稱為 **"Abraxas"**）派來的救主彌賽亞。這一說法被羅馬一名製造帳篷的匠人保羅宣揚推廣，此人後來被封為聖徒。

重寫歷史

✱ 在兩個世紀內，基督教傳播到整個羅馬世界，大部分信徒認為，真理與哲學無關，而是通過形諸文字的福音書記載的耶穌靈魂存在和傳道活動，揭示給我們。

等待救主彌賽亞

在諾斯替教徒看來，善的生活，意味着擯棄邪惡肉體的快樂，等待真正的彌賽亞引領他們進入上帝之國。他們相信，這很快就會發生。在他們主張的苦修、禁慾的文化中，是沒有哲學生存的空間的，在這點上，他們特別像現代的新教徒（Protestants）。

從歷史中鑿掉
一些東西

基督教的興起

★ 到公元4世紀，所謂的野蠻人，尤其是匈奴人和哥特人的許多部族，已經嚴重削弱了羅馬帝國的統治，在此之前，基督教已經被羅馬政府宣佈為非法，在羅馬統治階級眼中，基督教徒往往不被當作人看待。但公元312年，羅馬皇帝康士坦丁，可能是為了孤注一擲地使羅馬恢復政治穩定，皈依了基督教。

證明上帝

★ 基督教在羅馬世界的影響與日俱增，促生了一些哲學，急欲為基督教信仰提供一個形而上學的證據。這些早期的基督教哲學家中，最著名的要數希波主教奧古斯丁（Augustine Bishop of Hippo，公元354年出生於迦太基，即今阿爾及利亞）。其最著名的著作是《懺悔錄》（Confessions），懺悔他以前罪孽深重的生活；還有《上帝之城》（City of God），其中他意欲為一種新產生的全基督教神學構築哲學基礎。他寫這部著作，是想為日益強大的基督教會提供一套證據，證明它本身就是一個"戰

壞小子

根據各種各樣的說法，按基督教的標準來衡量，奧古斯丁都曾是個浪擲青春的少年。31歲時決意皈依基督教——他母親信基督教——並終其一生都致力於從異教與諾斯替教的罪惡中拯救世界。

康士坦丁

救贖

欲贖罪，惟一的方式是懺悔，並且在奧古斯丁看來，只有接受耶穌基督的天惠，每個個人才有望逃脫性交之災。基督教認為，人生的基本問題是信仰能否把我們從罪惡感中拯救出來，這一觀念便起源於奧古斯丁的思想。

鬥教會"，一個旨在根除異教和諾斯替基督
教異端邪說的政治組織。

我懺悔
我的罪過

奧古斯丁翻開了新的一頁

奧古斯丁

原罪

奧古斯丁認為，由於受
亞當的墮落，以及所有
那些源自肉體罪惡東西
的影響，人類的靈魂都
墮落了。結果，他認
為，由於亞當犯下的罪
行，整個人類都被宣判
要遭受痛苦、懲罰，最
後死亡。

奧古斯丁的神學

★ 在《上帝之城》中，我們可以清楚地看
到新柏拉圖主義對奧古斯丁哲學性神學所
產生的影響。奧古斯丁關於上帝的觀
念，來源於柏拉圖永恒的"善"的理
念，以及普羅提諾神聖"太一"的觀
念。在奧古斯丁看來，真正的上帝是
宇宙萬物慈愛的創造者。然而，奧古
斯丁的創造性在於，他是第一個試圖
將兼具猶太教和基督教特徵的宗教
（Judeo-Christian religion）與柏拉圖
哲學中的形而上學理論綜合起來的人，
這樣就創造了第一個為世所公認的、解
釋宇宙本質的基督教形而上學。

都是他
的錯

亞當和夏娃，
最初的罪人

抗擊罪惡

★ 奧古斯丁認為，宇宙是神聖意志的
完美創造，正是由於人類的自由意志，
便產生了罪惡的問題。罪惡，在奧古斯丁
看來，就是指任何過於執着於感官快樂的東
西，因此人類的性行為成了他進行道德斥責的
主要目標。

抗擊罪惡變得很重要

天賜之福

★ 根據奧古斯丁的觀點，罪惡只有在來
生才能被真正戰勝，在來世，正直的人回
歸天堂中**神聖的太一**（divine One），獲
得永生。同時，要抗擊人類肉體的罪惡，
人在世間能做的惟一的一件事便是建立政
治上強有力的教會組織，向那些不信上
帝的眾生傳佈耶穌神聖的靈魂存在
（life）和教義中能撫慰眾生的聲音。

★ 奧古斯丁認為，神聖的宇宙之道不
再是一種客觀的原則，隨着耶穌的誕
生，它成了虛幻的東西。因此，在早
期的基督教徒看來，耶穌是被轉化成
一個人的形而上學，宇宙中最基本的
真理是基督的靈魂存在和教義。

這是
罪惡嗎？

根據奧古斯丁的觀點，所有
追求感官快樂的東西
都是罪惡

哲學家遭受迫害

★ 隨着羅馬帝國西部的衰落，奧古斯丁的哲學論證所支持的羅馬天主教會，成了當時該宗教的正宗。到公元6世紀初，入侵的野蠻人中已有許多皈依了基督教，哲學思辯越來越多地與傳統異教的"罪惡"聯繫起來。這時，哲學家們發現他們自己受到迫害，和那些沒有信仰的人以及信奉旁門左道和異教的人一樣。

我並不覺得這些迫害
是鬧着玩的

一個時代的結束

★ 公元529年，柏拉圖創建的雅典學園關門。哲學家、技術專家統治論者以及詭辯家之間激烈爭論的年代，到此結束。

穆斯林發現哲學

伊斯蘭教與
羅馬帝國的碰撞

* 帝國西部崩潰後，羅馬帝國東遷到拜占庭。大約與此同時，在今沙特阿拉伯的地方，阿拉伯神秘主義者穆罕默德忙於統一遊牧的各阿拉伯部落，憑藉伊斯蘭教的粘合力建立一個阿拉伯帝國。

我發現了！
我發現了
哲學

亞里士多德勝利了

* 到公元8世紀初，阿拉伯軍隊佔領了拜占庭帝國治下的敘利亞和亞歷山大，——亞歷山大以其圖書館而著名，是古代世界晚期無與倫比的傳統學術的中心。伊斯蘭教向"西方"擴張，伊斯蘭文化竊據了西方文化一些最受人敬重的名勝古都，引發了一些顯著的文化變革，其中比較重要的便有伊斯蘭學者對於古典哲學的"發現"。

* 信仰異教的拜占庭帝國之鍾情於自然主義者亞里士多德，勝過喜愛神秘主義者柏拉圖。結果，亞里士多德的觀念對於伊斯蘭教的思想產生了至為重要的影響。亞里士多德的第一位著名的穆斯林信徒，是阿維森納（Avicenna, 980-1037），公元10世紀末他在德黑蘭教授哲學。

穆罕默德發現了哲學

阿拉伯哲學家

✱ 阿維森納試圖利用亞里士多德的思想證明一種獨立的、**必然的有（necessary being）**，即神，是存在的，神是萬物的終極基礎。他的著名，還在於聲稱事物和它的本質不是同一的。這一點遠不是亞里士多德的思想（亞里士多德的《範疇》告訴我們，任何特定的事物都有其本質），後來

亞歷山大著名的圖書館

被存在主義者在哲學名言"**存在先於本質**"（existence precedes essence）中所利用。

✱ 西班牙哲學家**阿威羅伊（Averroës, 1126-1198）**將古典思想帶回到西方文化中。阿威羅伊崇拜亞里士多德，視之為先知，認為他的思想可以用於找到純粹**理性**的**證據**以證明上帝的存在。這激怒了一名伊斯蘭教神學家**加扎利（Algazel）**，他寫了《哲學家的毀滅》（The Destruction of the Philosophers），聲稱哲學是一種罪惡，侵蝕人的靈魂。

邁蒙尼德

邁蒙尼德（Maimonides, 1135-1204）是一名猶太哲學家，坦承自己是曾受惠於亞里士多德的阿拉伯信徒。其最有名的著作是《引導困惑者》（Guide for the Perplexed），他在該書中試圖協調亞里士多德的思想與猶太教的教義。他認為，穆罕默德和亞里士多德都沒有向我們就真理作出令人信服的解釋，但我們應該在本質上把追尋真理視作一種精神追求。

我就是需要一些證據

天主教中的新思想

★ 因此，當西歐遭受基督教的暴虐統治時，在伊斯蘭教世界，古老的傳統爭論在繼續。公元12世紀，西班牙的基督徒打敗阿拉伯人後，希臘和羅馬的古代思想家提出的哲學問題，才在基督教統治的西方被重新提起。這導致在天主教會中出現了基於哲學思考的新的思維方式，這種新的思維方式，便是經院哲學。

我發現亞里士多德
特別有趣

控制

中世紀的教會，可以被認為是建立了一種精神上的技術專家統治制度，將宗教和哲學作一番祭司式的合成，以之為社會控制的手段（向罪人逐漸灌輸負罪感，又向正直的人提供了在天堂能夠活得好些的希望）。

經院哲學家

★ 這些哲學家被稱為 "**經院哲學家**"，"經院哲學" 意即 "經院哲學家的哲學"。
★ 這些哲學家中，最著名的是**托馬斯·阿奎那**（Thomas Aquinas，參見第90-93頁）、**奧卡姆**（William of Ockham）和**鄧斯·司各脫**（Duns Scotus，約1265-1308年）。這三個人都致力於將亞里士多德哲學思想中的**理性**主義和基督教的神的啟示結合起來。他們發現亞里士多德的邏輯學及其形而上學的唯物主義特別有趣，便利用亞里士多德的哲學構築了一套完整的**宇宙論**，這套宇宙論後來成了佔統治地位的關於世界的觀念，延續了**450年**左右，一直到**文藝復興**

托馬斯·阿奎那

時期的人文主義出現。

中世紀的宇宙

✱ 中世紀的宇宙論是一種"世界觀"，將宇宙理解為一個巨大的物質球體，完全充盈着物質。宇宙被劃分為兩部分：天國

天國在那上面，人世間在這下面

（the celestial）和**人世間**（the terrestrial）。

✱ 天國被認為是由完美、不可侵蝕、永恆不變的以太組成的，是上帝和天使的居所。

✱ 人世間是人類居住的地方，由**土、火、空氣和水**等元素構成。每一種元素都有其自己"自然的意志"（natural purpose），統領着它的運動。

✱ 這種宇宙觀，為16世紀前的西方文化提供了心理、精神和知識方面的營養。

四大元素

火

空氣

土

水

托馬斯‧阿奎那

★ 在12世紀的歐洲，公眾對於亞里士多德的哲學思想和異教形式的宗教崇拜，重新萌發了興趣，這種復蘇已經逾越了教會的節制和懲戒觀念。顯然，這威脅到教會的權威，亟待清理。天主教會為了應付這些文化上的變化，它採用了兩種方法。

關鍵詞

經院哲學家
（Scholastic）：
中世紀從事哲學研究的天主教徒，致力於理性地證明宗教中的神的啟示。

證明（proof）：
從特定的、不言自明的"假設"中推出一些重要的新結論的論證過程。

經院哲學家的所有努力都是無的放矢

天主教教義的變化

★ 首先，教會創造了瑪利亞崇拜，以迎合婦女，傳統上她們一直是更同情異教的。其次，一些求知慾強的預備修士試圖將教會的一神論神學和亞里士多德的形而上學糅合起來。阿奎那是一名虔誠的天主教信徒，喜歡邏輯學和形而上學，便投身於這項工作了。

上帝一定存在，論證如下……

阿奎那的著作

✱ 托馬斯・阿奎那，1224年生於那不勒斯，在那裡大學畢業後，參加了多明我會（由修道士組成的修道會，後來成了愛刨根問底的修道會），便開始了以操持刀筆為主的生涯。據說他著作八百萬言，鑒於他寫這些著作時連一個捲筆刀都沒有，我們不得不承認這是一項非凡的成就。

✱ 阿奎那的八百萬言中，大多是關於如何理性地證明上帝存在的。他還從哲學的角度清楚地解釋了罪惡的本質、人類的自由以及人類靈魂的價值。

✱ 他的第一部神學著作，是《異教徒駁議輯要》（Summa Contra Gentiles），試圖捍衛羅馬天主教的基本信條——全能、全知、仁慈的上帝之存在，人類自由和罪惡的實在性，以及天使的本質和實在性，等等。這部著作，滿是瑣細的邏輯推理和繁縟的技術論證，在漫不經心的讀者看來，似乎是那種最糟的迂腐之論。

托馬斯・阿奎那

不是很大的成功

《異教徒駁議輯要》似乎旨在使異教徒和穆斯林改宗天主教，但充滿異議，晦澀難懂，並沒有說服多少人來皈依。由於這個原因，"經院哲學"（scholastic）一詞後來被用來指類似不着邊際的學術活動那樣的工作。這也許就是異教徒對阿奎那所有工作的看法。

上帝存在的證據

★ 在其最著名的著作《神學大全》（Summa Theologica）中，阿奎那基於亞里士多德的許多思想，尤其是關於無限追溯（infinite regress）之不可能性的思想，為上帝的存在提供了五條證據。無限追溯之不可能性，意思是原因或理由不能永遠尋找下去，在某一點上，一系列原因或理由必須終止。

哲學家

阿奎那開創了一項大功業

理性的原則和神的啟示，是不容易結合在一起的，即便在吸納百川的天主教教會中也不容易。阿奎那哲學的長期影響，在教會內部點燃了世俗思想緩慢燃燒的引信；從哲學的角度看來，這種世俗的思想，完全是自然主義者和無神論者的思維方式。

很多證據

★ 阿奎那的第一個證據，是**關於運動的論證**，認為，由於存在運動，就一定有"不受動的始動者"，這顯然就是上帝。

★ 第二個證據，是**關於有效原因的論證**，聲稱由於宇宙中存在着一個"有效原因的秩序"，就一定有一個第一有效原因，也就是上帝。

★ 第三個證據，是**關於偶然性的論證**，聲稱，在自然界，一些事物的存在總是決定於另外一些事物的存在的。理解這種形而上學的相依性（不使用無限追溯證明）的惟一方式，便是承認一定有一種必然的有，這種有，其存在不依賴其他任何事物。這種有，便是上帝。

還有一些證據

★ 第四個證據，是**關於完美程度的論證**，認為，由於我們能否區分完美和不完美，便一定存在一個完美的最終標準，這就是上帝。

★ 第五個證據，是關於設計的論證，宣稱，在自然界，我們隨處可見上帝旨意的證據，自然界看上去是一個和諧的系統，萬物似乎都是為了某種終極目的而存在。因此，宇宙一定有一個設計者，這就是上帝。

抬起石頭你發現什麼了？

★ 所有這些證據，本身就沒有一個是有說服力的，但它們一起為天主教神學的主要信條提供了一種理性支持。阿奎那認為，它們頌揚了天主教信仰中只有借助**神的啟示**才能明白的道理，並且從來就沒有企圖用更加理性的基本原則來取代神的啟示。

自然主義（Naturalism）：

認為所有的事物，包括人類的心智（或曰精神），都完全是自然的一部分。

無限追溯（Infinite Regress）：

亞里士多德的思想，認為一系列理由不能永遠追溯下去。阿奎那利用這一思想以說明，所有理由的起始和終止一定是單一的、不變的、類似上帝的事物。

宗教與理性主義

阿奎那及其同道的著作，開始削弱教會機構的權力，後來導致了啟蒙運動的產生。經院哲學家的覺醒，搬開了壓在人類心靈上的宗教巨石，開始尋求一種組織社會的更加理性的方式。但從下面爬出來的是什麼呢？

科學的原則

* 哥白尼（Copernicus）和伽利略（Galileo）的發現，推翻了經院哲學家的宇宙論，開啟了構建另一種科學宇宙論的漫長歷程。在這種圖式中，宇宙不再被視為根據道德原則建立起來的神聖天體，而被看作一個機械的體系，只是遵從嚴格、客觀的數學原理。這就產生了一種新的社會原則，在一些重要方面與以前宗教尊崇的原則迥然不同。

轉動這台宇宙機器

我想我會
推翻
宇宙論的

哥白尼

科學與技術

* 新的世界要遵從科學的"原則"，這些原則，乃是基於參照精確無誤的認識論標準，而對自然界所做的細緻的把握和觀察。

* 五彩繽紛的新世界充滿了科學的新生事物（modernity），其中並沒有我們所定義的哲學的地位。此後，分析、方法和技能成了新的上帝，哲學家的好奇心和求知慾被一種新的問題所代替。"它是什麼？"的問題，這時從屬於更加技術化的問題："它是怎樣工作的？"。因此，哲學逐漸孜孜於為新出現的現代技術專家政治論的世俗原則，提供形而上學和認識論支持。

市場經濟

★ 大多數社會學家認為，這種新的世俗原則，是隨着市場經濟的興起和中央集權科

我想我應該
創造一條新的
社會原則

伽利略

現代科學失去了好奇心嗎？

層制國家的成長，肇始於16世紀的。這兩種制度，都不需要這樣的哲學智慧。**勃勃成長的國家和市場需要的是準確的信息，並且是大量的信息。**

失去宗敎信仰

因為科學革命，歐洲人失去了宗敎信仰，但在主張技術專家政治論的科學和人文主義宗敎中發現了新的希望。這兩種宗敎，似乎提供了更加理性的獲得拯救的途徑。

需要的是準確的信息

第四章

技術專家政治論者的崛起

★ 中世紀世界觀的崩潰，是由許多不同的因素導致的：天主教教會僧侶統治集團人所共知的腐敗，新興 "商人" 階級財富和權力的增長，以及哥白尼和伽利略新的天文發現，都在瓦解基督化歐洲（Christian Europe）的宗教和形而上學基礎中，發揮了作用。

關鍵詞

個人主義（Individualism）：
認為從根本上講，我們都是獨立的個體。

人文主義（Humanism）：
認為我們應該把我們自己看作有自由決定自己命運的個體的倫理學觀點。

理性的時代風氣

★ 歐洲經濟向美洲 "新大陸" 擴張，並且新的科學發現表明，地球不是上帝創造的宇宙的中心，而只是宇宙體系裡眾多天體中的一個，因此，亞里士多德思想中那些簡單斷然的結論，看上去越來越像淺陋的宗教教條。在這種知識變革的時代潮流中，新出現的社會團體開始動搖教會權力的基礎。這些團體堅持完全不同的價值觀，並信奉與支持羅馬天主教的哲學完全不同的哲學。

哥倫布出海航行發現了美洲

通過仔細的觀察，我們已經證明所有的行星都繞着太陽運行

個人主義的影響力

★ 在早期的人文主義者看來，宇宙不是由天命和神聖的力量創造的，而是日益被視為可以被個體的人的意志改造的。在這個時代裡，**多才多藝的人（Renaissance man）**都是靠自我奮鬥而功成名就的，文藝復興時期的文化支持了日漸高漲的**個人主義**。在那些一步步進行地理探險的商人階層中，還新出現了勤儉重商的精神。在一個崇拜堅強意志的時代，與世隔絕的天主教教會發現自己越來越觸摸不到大眾的心境。

知識分子大聯合

★ 知識界反對中世紀的世界觀，開始於15世紀，正值文藝復興時期，出現了**狄賽德留斯·伊拉斯默斯（Desiderius Erasmus, 1466-1536）、尼克爾·馬基雅弗利（Niccolò Machiavelli, 1469-1527）和米歇爾·德·蒙田（Michel de Montaigne, 1533-1592）**的人文主義思想。這些思想家，都接受普羅泰戈拉（參見第57頁）的思想，認為我們自己的人類世界，才是存在的惟一世界，**我們能夠按照我們的意願利用這個世界**。

伽利略

哥白尼和伽利略

通過對行星進行仔細的觀察和計算，天文學家證明，所有的行星，甚至連同地球，都在不同的軌道上繞着太陽運行。這摧毀了支撐羅馬天主教會權威的地心說宇宙論，即便伽利略迫於酷刑放棄了自己的發現，也改變不了舊的宇宙論時限已盡這一明瞭的事實。

宗教改革

✳ 然而，宗教向"近代"技術專家
政治論的轉變，大約歷經了500年
才完成，只是隨着1789年法國大革命
的爆發，所謂的"古代與近代之爭"才在
近代思想觀念血腥的勝利中得到解決。這
導致近代國家的興起，以及技術專家政治
權力在西歐的建立。

馬丁‧路德和教規

宗教改革

16世紀初，天主教教
會面臨的問題不斷增
多，並因馬丁‧路德
（Martin Luther, 1483
-1546）變得更加複
雜，此人想發動他自
己的聖戰，改革基督
教。路德聲稱，基督
教信仰是一種**個人信
仰**，而不是客觀真
理，這就賦予個人主
義以新的意義。

近代國家

✳ 然而，新的世俗原則並非以
直接或者簡單的方式出現。詳
細解釋非宗教權力的新形式，
如何在日漸衰朽的教會政治體
系的廢墟中建立，則超出了本書的範
圍。

✳ 大家都接受的觀點是，古代和近代宇
宙觀之間的分裂，包含着近代西方社會
結構和哲學定位中發生的深刻的變化。

統治之道

★ 但是，也可能有人認為，中世紀和近代社會之間有很多的聯繫，遠甚於通常所說的。兩者皆是社會以及政治的系統，其力量源自於精英控制、散佈、操縱思想的能力。

★ 從社會學的角度講，這兩個社會都分為控制思想觀念的**神職階層**以及神職階層試圖控制的世間其他眾生。近代技術專家政治論的主要特徵，在於並非只有人是技術專家政治統治的臣民。在近代社會，自然界本身也日益屈從於同樣曾

神職階層渴望
控制鳥和蜜蜂

用於壓制離經叛道者和異端邪說的**統治技能**（controlling techniques）。

★ 操縱和統治自然界的思想，其利用在近代科學實踐中得到了實行。這樣，科學漸漸地取代了宗教，成為近代社會權威性思想觀念最重要的來源。

新巫術

就試圖統治和組織自然界講，可以認為科學很像**巫術**；就其試圖正確解釋自然界和宇宙的運行而言，科學又很像**宗教**。因此，科學可以被視為一種巫術，因人們發現它會對我們周圍的世界施加影響，而其本身受到崇信。

我是主人——快點滾開，築你們的窩去！

數學式的明晰

＊ 近代技術專家政治論提出的新的世俗原則，乃是基於兩種"哲學"基礎：人文主義和科學理性主義。後一種"哲學"將自然和人類社會都視為理性組織的體系，其本質和運行，可以為那些從事理性思維的人所認識。

算算就知道答案了

霍布斯

算術

在主張技術專家政治論的人如柏拉圖看來，對於理性思維或曰"理性"的最好解釋，是傳統的幾何和算術證明作出的，因為這些證明提供了一種程序化的思維模式，被認為能確保真理。

早期的理性主義者霍布斯

＊ 在早期的理性主義者看來，除數學知識外，世間別無其他的知識，因此，主張技術專家政治論的一代思想家認為，數學是建立新的技術專家政治論理論大廈的最明晰、最簡潔、最可靠的基礎。

＊ 最能說明思維的這一變化的最典型的"哲學家"，是英國人托馬斯·霍布斯（Thomas Hobbes, 1588-1679）。霍布斯之寫作，正值古代思想與近代思想紛爭最激烈的時期，也就是英國內戰時期（1642-1648）。

龐大的統治者

✱ 根據霍布斯的觀點，如果聽任人由着真正的本性行事，人是根本沒有道德的；**利他主義（altruism）**，也就是我們應該像珍惜自己一樣彼此珍惜的觀點，被霍布斯認為是一種空想。因此，缺乏適當的強有力的權力中心以控制我們與生俱來的自私的人類社會，必然要淪入罪惡的混亂狀態，其中人類的生活是"孤獨的、貧窮的、污穢的、野蠻的和短暫的"。遏制我們天性的惟一方法，霍布斯認為，就是把我們的意志交給一位全能的**利維坦（leviathan）**——這是一名想像中的專制君主，借助權勢或者敬畏

我的，都是我的
（我本質上就是自私的）

使得我們過上"文明"的生活。

計算便覽

✱ 霍布斯還認為，思維與好奇、沉思和思辯沒有任何關聯，並非如早期哲學聲稱的那樣。他認為，思維更像**計算**，因此理性只是正方和反方吹毛求疵的估量。這成了近代經濟學理論的哲學基礎；人們還經常認為，霍布斯為後來的政治科學和社會科學奠定了基礎。

人是可怕的

根據霍布斯的觀點，所有的人在本質上都是自私的，都積極地擴大自己的那一份子，即便這樣對他人是可怕的事情。這種哲學，有時被稱為利己主義，支援了技術專家政治論的大部分思維方法，即便更晚近的哲學觀點也得到它的支援。

笛卡兒的理性主義

★ 與霍布斯同時代的法國人笛卡兒，開創了近代理性主義一派。這個哲學流派欲將所有的知識建立在抽象的宇宙原則上，這些原則以某種方式天然地存在於每一個人身上。笛卡兒最著名的著作是《方法論》(The Discourse on Method, 1637) 和《沉思錄》(The Meditation, 1641)，他在其中試圖闡明在一個異見歧出的時代獲得真理的最好和最可靠的方式。

被我們自己的自由囚禁的孤獨的自我

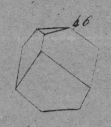

坐標

由於物質在本質上是由其形狀決定的，因此，根據笛卡兒的觀點，自然界是完全可以應用幾何原理加以認識的。為此，笛卡兒發明了笛卡兒幾何 (Cartesian geometry)，這是一個坐標系，可以通過描畫一個物體在空間上的範圍，對它進行精確的數學描述。

一個重要的貢獻

★ 近代理性主義一派根據數學的思想方法認識整個實體 (reality)；儘管笛卡兒將人類"靈魂"（這是所有技術專家政治論者都鄙棄的一個詞）排除在他對"數學擴張主義" (mathematical imperialism) 的形而上學應用之外，其觀點還是為正在發展的整個技術專家政治論思想作出了重要貢獻。根據笛卡兒二元論的形而上學觀點，宇宙由兩種不同的基本要素組成：精神和物質。精神被視為"不具廣延性的思維的東西" (res cogitans)，物質則只是被認作"時間和空間上的延展"。

超越笛卡兒

★ 笛卡兒思想的另一個特徵乃是其明確的個人主義。對笛卡兒來說，認識論權威的最終來源，便是他笛卡兒自己。知識來源於**孤獨自我**的理性思考，這個自我被認為是**完全獨立於其自然和社會環境的。**

★ 隨後的理性主義者，比如**本尼迪克特·德·斯賓諾莎（Benedict de Spinoza, 1632-1677）**和**戈特弗雷德·萊布尼茲**

你是這樣的一個人

（Gottfried Leibniz, 1646-1716），進一步發展了笛卡兒的思想，並試圖將它們置於更加牢靠的形而上學基礎上。由於沒有條理，他們擯棄了笛卡兒的**二元論**，並試圖尋找途徑將他的理性主義與形而上學的一元論結合起來。斯賓諾莎是一名信仰異教的猶太人，在宗教裁判所肆虐時期其家人逃離西班牙，他是一名**唯物主義者**，認為宇宙是由遵從客觀、可知的數學法則的物質構成的。

萊布尼茲

萊布尼茲認為，宇宙在根本上是由自立的、單個的**單子（monads）**組成的，它們遵從一種他認為很像"計算"的理性意識。因此，根據萊布尼茲的觀點，在近代社會裡，每個人都是惟一的，有自由像一名複式分錄的簿記員一樣行動。

關鍵詞

二元論（Dualism）：
一種形而上學思想，認為世界實際上是由兩種東西——通常是精神和物質——組成的。

思維的東西（Res Cogitans）：
笛卡兒的思想，認為人在本質上是脫離軀體的思維的生物。

廣延的東西（Res Extansa）：
笛卡兒的思想，認為實體的事物只是延展的幾何形狀。

若內·笛卡兒

★ 笛卡兒1596年生於法國。年輕時是一名虔誠的天主教徒,其成熟的哲學還殘留着某些天主教的主要思想。他受教於耶穌會士,年輕時便對數學的確定性和精確有了很深的印象。非常奇怪的是,在三十年戰爭(1618-

若內·笛卡兒和他想像的惡魔

1648)中,他站在新教徒的一邊抗擊天主教徒,因此,倫理問題不是其主要的哲學關注,便不足為奇了。

懷疑論者

笛卡兒生活在羅馬天主教會的權威逐漸削弱的時代,關於宗教真理的既定觀念受到質疑。老生常談的大道土崩瓦解,詭辯家開始重現江湖。當時最極端的一類詭辯家便是懷疑論者(sceptics)。他們聲稱,世間無所謂知識之類的東西,知識與幻覺沒有區別。

一個關心抽象問題的人

★ 笛卡兒的哲學,基本上旨在使那些嘲笑人們能夠認識任何事物這一觀點的懷疑論者三緘其口。為此,他得找到一個例證,以證明這一觀點顯而易見是正確的,你要否定它,就是瘋了。

★ 笛卡兒開始孜孜不倦、有條不紊地從事這項工作,此前他也以這種方式創造了一些思想。——他會找到一種方法,以獲得確定性知識的例證。為此,他應用了他

錯了嗎?

我要向你撒謊嗎?

的**懷疑法**（method of doubt）。

★ 他將**能被懷疑**的任何事物都認作是錯誤的，然後就所能想到的最令人惶惑的懷疑闡述他自己的觀點。經受住這一檢驗的任何觀點，顯然就是確定性知識的一個好例證。

笛卡兒懷疑任何
能夠被懷疑的東西

驅逐魔鬼

★ 為此他創造了一個惡魔（malignant demon）。笛卡兒說，想像一下你的精神被一個惡魔控制了，它形成了你所有的觀點，不管你怎樣珍視，這些觀點都完全是錯誤的。你如何知道你的所有觀點不是那騙人的

與惡魔共舞——
誰會勝出呢？

惡魔罪惡陰謀的結果呢？笛卡兒認為，他確實掌握了一個正確的觀點，即便惡魔也不能弄錯：這個觀點就是**他思想過**——因為一個欺騙的思想也還是思想！沒有人能懷疑他們在思想，因為懷疑你思想也還是思想……**我發現了**！懷疑論者的嘴被堵住了，笛卡兒找到了特定性知識的例證。這在他的名言中得到了概括："**我思故我在**"（I think therefore I am）。

關鍵詞

惡魔（Malignant Demon）：
假想的引誘人懷疑的邪惡魔鬼。

確定性（Certainty）：
針對惡魔惡毒懷疑的唯一有效對策。

我思（Cogito）：
笛卡兒最確定的事實，也就是他在思想這一事實。

我思
故我在

……不，我聽說數學是最近才出現的事物

數學能夠解答自然界的奧秘

主觀真理和客觀真理

★ 在當時的笛卡兒看來，所有知識都起源於個人自身，因為這是任何人在一個快速變化的世界裡都可以倚賴以為知識來源的惟一的事物。然而，我們可以發現，笛卡兒對於確定性知識的解釋還只是主觀的。他不相信有作為認識論之保證的上帝存在，也就不相信任何客觀真理。

實際上是一名技術專家政治論者

★ 笛卡兒的哲學，代表了歷史上試圖為技術專家政治論的思維方式提供一個哲學基礎的最重要的努力。笛卡兒的二元論形而上學，認為宇宙由兩種根本不同的要素，即**精神**和**物質**組成，有時也被稱作笛卡兒二元論。這樣將思想和其他所有的事物劃分開來，也反映在技術專家政治論的一個觀點裡，即世人被分為有思考能力的專家和沒有思考能力的大眾。

笛卡兒為瑞典女王侍講

頓悟的時刻

笛卡兒頓悟的時刻

從1620年起，笛卡兒便住在荷蘭，正是在這裡，他開始對哲學感興趣。據說他得到了一次啟示，揭示了宇宙的基本原理。其著述涉及哲學、光學，幾何學以及靈魂的本質。1649年應克里斯蒂娜女王（Queen Christina）之邀離開荷蘭到斯德哥爾摩，1650年因肺炎客死此地。

理性主義佔據重要地位

★ 笛卡兒試圖為技術專家政治論思想提供理論證明，這種思想認為，自然界能夠根據數學的方法加以認識，僅僅使用數字便有可能對整個宇宙進行完整、精確的描述。技術專家政治論者喜歡這一觀點，因為它似乎表明，認識世界不過是一件掌握正確數學知識的事情。

★ 這意味着，知識只有那些懂得數學知識精奧之美的人才能擁有，並且在笛卡兒看來，只有那些擁有理性的清晰頭腦的人才有望發現真理。基督教信仰死了！技術專家政治論萬歲！

啊嚏——

笛卡兒受到死亡的煎熬

控制的新形式

* 理性主義發展了關於我們自己和自然界的思維方式，為新出現的社會和政治控制制度提供了理論證明。他們毫無隱瞞地利用數學和機械學的方法來認識內在和外在本質，這一努力為他們提供了在認識論上可靠的知識來源以及可靠的資料，使得他們將自身和更廣闊的世界置於新的、更加"敏銳"的控制形式之中。

關鍵詞

經驗主義（Empiricism）：
一種認識論思想，認為所有的知識最終都來自感官。

先驗的基本原理（A Priori Principles）：
躺在"搖椅上"苦思冥想得來的知識（如"沒有事物既全部是紅的，又全部是綠的"）。

後天的知識（A Posteriori Knowledge）：
觀察得來的知識。

科層制

理性主義思想為不斷對人類生活進行編碼和分類的現代科層制（bureaucracy）的出現鋪平了道路。有人說，這使得西方文化變成了一個嚴苛的"數字王國"，其中權力越來越掌握在少數人手裡，這些人擁有必不可少的數學抽象能力。

經驗主義者

* 在17世紀的英國，出現了與理性主義對立的一種哲學——**經驗主義**。根據這種哲學觀點，理性主義者所聲稱的知識扎根於數學**先驗（a priori）**的確定性，是錯誤的。相反，他們認為，知識惟一真正的、不朽的來源，乃是**感官經驗（sense-experience）**，因此，所有的知識都是**後天的（a posteriori）**。

艾薩克·牛頓

科學的影響力

✱ 經驗主義者認為，如果我們自己借助感官瞭解了某一事物，就會認識它。他們特別關注人類想像中固有的認識論力量。這種更加"經典"的認識論乃是基於（後來才被人認識到的）成功的科學實踐。

✱ 新的物理科學和化學科學的"成就"，是通過羅伯特·玻意耳（Robert Boyle, 1627-1691）和艾薩克·牛頓（Isaac Newton, 1642-1727）極端理論化的研究取得的，被新一代景慕他們的哲學家認作一種強有力的認識論的結果，這種認識論是科學影響力的真正來源。

實驗的時代

✱ 經驗主義者認為，新的科學知識是科學家仔細觀察和測量現象的結果，也來源於他們對各種現象進行實驗，以確定其間可能存在的精確的數學關係的意願。在經驗主義者看來，是實驗，而非數學證明，保證了知識，並且他們新提出的"舔一舔就明白了"（suck it and see）的認識論，對於他們的對手濫用數學方法是一劑有用的解毒藥。

羅伯特·玻意耳

危險的實驗

如我們所知，對於實驗的對象而言，不道德的實驗能產生令人不快的結果。科學試圖操縱自然以揭示其最深層的原理，這一努力，在某些情況下會導致一些嚴重的生態學後果。

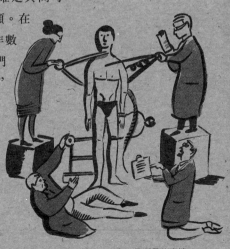

這完全是測量的事情

洛克的答案

* 第一位著名的經驗主義哲學家是約翰·洛克（John Locke, 1632-1704）。洛克傾慕化學家羅伯特·玻意耳的思想，是一位有影響的反天主教人物，參加了新教徒的政治活動。他著述甚廣，討論了廣大範圍內的哲學問題，他之在哲學上著名，乃是作為一名認識論哲學家和政治哲學家。

成熟的番茄

一隻貓

一道極其複雜的算術題

無知和經驗

沒有先天的知識，但都會經歷相同的經驗

* 洛克以其經驗主義認識論著名，他不同意理性主義者的觀點，聲稱每個人生下來根本沒有天賦的知識。他認為新生嬰兒的心靈很像一塊**白板**（**tabula rasa**），經驗會在上面寫下知識的故事。

* 另外，洛克的哲學還試圖保留歐洲大陸理性主義者的一些形而上學。和亞里士多德一樣，他認為，最基本的形而上學範疇是**物質**（substance），他視之為基本的**要素**（stuff），事物所有可觀察到的經驗主義特性都是以此為"支撐"的。

哲學的新角色

★ 洛克認為，哲學應該在適合與不適合用於科學調查的事物之間做出決定，因此他將哲學的角色界定為"**科學手下的輔助工**"（under-labourer to the science），這表明他在本質上是一名技術專家政治論者。

約翰·洛克

哲學是輔助工？

★ 洛克關於物質的**經院派觀點**，受到後來的經驗主義者如**喬治·貝克萊**（George Berkeley）的激烈批評。貝克萊1658年生於愛爾蘭，是一名英國聖公會主教。

他批評洛克的**科學實在論**，也就是洛克認為宇宙中真正的實體乃是新物理學揭示給我們的這一觀點。

兩種特性

洛克認為，事物內在的所有特性有兩種：**主性質**（primary qualities，如大小、形狀、物質構成）和**次性質**（secondary qualities，如顏色、氣味、美）。前者被認為是事物內在的客觀特性，因此是關於事物的科學知識的真正來源。後者被認為只是一些**主觀現象**，因此與以客觀為特徵的科學沒有什麼關係。

開飯了！

贏得一個男人的心，
先要贏得他的胃

我們怎麼知道的？

在《人類知識原理》
（Treatise Concerning the
Principles of Human
Knowledge, 1710）中，
貝克萊問道，洛克在聲稱
外部世界確實存在時是如
何證明這一觀點的呢？如
果 "紅" 和 "藍" 只是主
觀的概念，那麼，所謂的
主性質 "形狀" 和 "大小"
為什麼就不能是呢？

工具主義

貝克萊的哲學在形形
色色的技術專家政治
論思想中一直很有影
響，這些觀點認為，
科學理論實際上並非
是對世界的正確描
述，而只是預測和控
制事件的有用工具
——這種認識論設想
有時被稱為**工具主義**
（instrumentalism）

平庸之路

★ 洛克的哲學聲稱，實體（reality）
是單純地由有形的物體構成的，這些
物質具有決定於其機械運行模式的主
性質。這一點很為貝克萊所詬病。這
樣的哲學，否定了我們主觀內在生命
中的實體，會導致我們進入充滿哲學
懷疑主義的庸人世界。這一點正是大
衛・休謨（David Hume, 見第114-
117頁）後來所爭論的。

懷疑主義

★ 懷疑主義認為，人們不可能認識外部
世界，應該放棄尋求作為幻覺的真理。洛
克的哲學，揭示了實體的主觀特徵和客觀
特徵，沒有涉及認識論差別，懷疑論者在
此發現了他們作 "惡" 的空間。

眼見為實

★ 在貝克萊看來，實體在本質上是主觀
的，因此，他的哲學有時被稱為主觀唯心
主義（唯心主義是主張實體完全存在於心
靈中的形而上學）。他爭論說，存在就是
被感知（esse est percipi），又聲稱萬物
都是主觀地存在於上帝的心靈中，而避免

那棵樹還在那兒嗎？還是它僅存在於我的心靈中？

被斥為唯我論（也就是萬物只存在於一個人自己的心靈中的觀點）。

一個激情飛揚的人

★ 大衛·休謨（David Hume）後來進一步發展了貝克萊的思想。他承認，**經驗主義**，嚴重地講，會導致**懷疑主義**。然而，休謨認為，這並不足以讓人們擔心，因為不管哲學家會說些什麼，我們無論如何都會繼續相信我們所做的事情。推理和反省，在休謨看來，不是通往真理之路，而是**激情的奴隸**（slaves of the passions）。人類生活的激情——渴求食物、遊玩和益友——是生活的所有目標。因此，休謨可以被視為一名"常識哲學家"。

★ 因此，在某種程度上，如果我們接受他的結論，我們必須承認，經驗主義，即便它聲稱要為科學辯護，其與平庸的聯繫，也要比與技術專家政治論的思維方式的聯繫更密切一些。

實體都在心靈中

關鍵詞

唯心主義（Idealism）：形而上學觀點，認為宇宙，如我們人類所認識的，至少是一個人類心靈的產物。

唯我論（Solipsism）：認為整個宇宙都是我的心靈的產物的觀點。

工具主義（Instrumentalism）：認為科學理論並不是正確的，而是"有用的虛構"的觀點。

大衛·休謨

★ 休謨最著名的著作是《人性論》
(A Treatise of Human Nature, 1739-1740)，致力於將經驗主義科學的實驗方法應用於對人類心靈的認識中。

所有的事物都在
我們的心靈中

蘇格蘭的啟蒙運動

大衛·休謨1711年生於蘇格蘭，在一個嚴格的長老會教徒家庭中長大，簡樸的蘇格蘭新教逐漸影響了他，使得他特別不喜歡過濫的形而上學思辯。他是所謂的蘇格蘭啟蒙運動（Scottish Enlightenment）中的關鍵人物之一，與著名的經濟學家亞當·斯密（Adam Smith）齊名。

休謨的心靈遊戲

★ 休謨對古典哲學"無休止的爭論"很是厭倦，便借助經驗觀察這一更直接的方式尋求真理。這樣，休謨便成了一名重要的經驗主義者，認為人類的感官

在大腦裡撥來撥去

經驗是所有正確知識的來源，不是以此為最終基礎的任何知識主張不過是"謬論和幻覺"罷了。其思想的重要性表現

感官與感覺

在一個事實中，即他是對所有經驗主義哲學家的內在困境作出徹底解釋的第一位哲學家。

休謨通過仔細觀察得出他的結論

心靈的本質

★ 休謨的經驗主義哲學，來源於他的一個信仰，以為只有通過仔細觀察現象，人們才有望認識人類心靈之外的外部世界和個人心理體驗的內部世界。

★ 在試圖發現統轄人類心靈活動的規律時，休謨倚賴通過其內心的自我觀察和自我反省得來的材料。通過仔細觀察其自身的思想本質和思想活動，他相信自己已經**發現了人類心靈的真正本質**——即，人類心靈是由來自感官的印象（**impressions**）和歸納這些**印象**而得的**觀念**（**ideas**）構成的。

心靈的牛頓

休謨，和許多同時代的人一樣，對於牛頓的新物理學有很深的印象。尤其是牛頓宇宙論中沒有宗教和形而上學的因素，更令休謨銘心。他試圖利用牛頓的力學原理認識人類心靈的本質和活動。其雄心是成為"心靈的牛頓"，希望他的哲學如牛頓的物理學闡明自然世界一樣有助於闡明人類世界。因此，實際上，休謨是早期的一名心理學家，他試圖為一門新的"心靈的科學"創建一套基本的哲學。他還試圖將人類的心靈活動歸納為一個簡單的機械過程，這表明，休謨的哲學，是那些視人類心靈為計算機、人為"肉身機器人"的心理學理論的知識之祖。

注意：所有的印象來自聯結

印象與聯結

★ 根據休謨的觀點，通過一個聯結（association）的過程，印象（impression）變成觀念（idea）。比如，根據與我們可能見過的那些特定的天鵝相聯繫的無數個印象，我們形成了關於天鵝的總體觀念。

休謨

樂於交遊的傑出之士

休謨的無神論並非只是啟蒙運動的一種風尚，他還身體力行。休謨是一個真正的樂於交遊的傑出人物，未曾有過改變，一直到他1776年死於癌症。他親身實踐自己的哲學，並由衷地有始有終，這使得休謨的一生，和他的前輩蘇格拉底一樣，是真正的哲學家的一生。

天鵝是什麼顏色？

★ 在北半球的大多數人看來，關於天鵝的總體觀念是：這是一種白色的鳥，有着頎長的脖子，人們經常看見它們浮在河面。

★ 休謨認為，這一觀念是北半球的人們通常具有的對於天鵝的諸多印象之間，進行一連串聯結而產生的。然而，在南半球的一些地方，人們可以看見黑天鵝，對天鵝會有不同的印象，因此就會對所有的天鵝是什麼樣子形成不同的觀念。

打什麼時候起天鵝成了黑的？

真理與過去

★ 因此，在休謨看來，普遍真理和總體觀念是借助心靈的聯結力量從原始經驗的材料中形成的（這一點後來被康德所發展），所有的知識都是人們創造的，所有的真理都是偶然的（依據個體在自身中發現的內容）。世間沒有必然真理（一定正確的真理，不管它是什麼）這樣的東西，即便我們最確定的觀點也只是以這樣的方式呈現，因為世界碰巧在過去以在人們看來特定的方式運行。因此，在嚴格的掌握"實體的真正本質"的意義上，休謨就根本否定知識是可能的，這表明，頑固的經驗主義哲學會導致懷疑主義。

堅定的無神論者

★ 休謨還以其堅定的無神論而著名。其《自然宗教對話錄》（Dialogues Concerning Natural Religion）是哲學史上寫得最美的著作之一，在這部著作中，他公然嘲笑經院哲學證明上帝存在的所有努力。他一一臚列，認為所有的證明都迴避上帝存在的問題，因為他們在得出結論之前就假定上帝存在。

你不能依靠過去

根據休謨的觀點，即便我們百分之百地確信：所有的天鵝都是白的，曼徹斯特老是下雨，又或者在近代世界任何地方都將不會有完全自由、公正的社會，我們也決不會知道這些都是正確的。這是因為，不依靠先驗的推理，我們不可能證明將來會像過去一樣，而滿腦子經驗主義哲學的休謨是拒絕這樣的推理的。

曼徹斯特為什麼老下雨？

117

功利主義者

✳ 到19世紀初，技術專家政治論思想的影響達到高峰。這在英國功利主義者的著作中可以發現，他們試圖將人類道德建立在簡單的理性算計上，而不是建立在同情和關心他人的利他主義情感上。

我要幫助老婆婆

我要做個好人

我要在禮拜時大聲地唱讚歌

邊沁認為罪人可以改過自新

最大多數人最大的快樂

✳ 根據功利主義者比如傑里密·邊沁（Jeremy Bentham, 1748-1832）的觀點，一個行為，如果能在受其影響的最大多數人中產生最大的快樂，就是好的。

✳ 赤裸裸的功利主義倫理學會認為，如果你為了挽救一個城市而殺了一個小孩，這不僅是精明的，而且完全是一種符合道德的行為。功利主義者會強行建立一種嚴厲的制度，而不去考慮情感或者憐憫。因此，這種有着諸多極端形式的技術專家政治論思維方式，有着和古代的異教同樣的道德局限。

反技術專家政治論的強烈抗議

★ 然而，18世紀末，整個歐洲出現了新的反體制、反技術專家政治論的運動。這些運動抗議技術專家政治論的思維方式已經導致人類社會的分裂和非人化。

★ 這些運動聲稱，主張技術專家政治論的"一些哲學家"在滿紙個人主義的著作

傑里密・邊沁

浪漫主義者把藝術重新帶回哲學

中，沒有提到文化和公眾，它們試圖發展新的思維方式，強調藝術、創造性和自發性的重要性。它們還期望，在它們認為正被技術專家政治論思想冰冷的抽象"抽走意義"的社會裡，應該有一種歸屬感。

全景監獄

邊沁對刑罰改革也有一些想法，開創了人們不應該懲罰罪犯，而應該努力去改造他們的行為這一現代"自由"觀。為此，他設計了自己的監獄，是為全景監獄（panopticon），這是一幢星形的建築，獄卒在其哨塔上可以看見所有的犯人，但犯人意識不到他們在被監視。這種制度，意在讓犯人獨自服刑，思考他們的將來。英國曼徹斯特的"Strangeways"監獄，據說就是依照這一原則設計的，有各種說法稱，直到最近，這裡都還是一個野蠻之地，人們可以盡其想像。邊沁設計的樣式，就是這麼的糟！

119

第五章

浪漫與革命

* 伊曼努爾·康德（1mmanuel Kant, 1724-1834），可能是被稱為啟蒙運動的18世紀哲學運動中出現的最重要的哲學家。他1724年生於東普魯士的柯尼斯堡（Konigsberg，現在是俄羅斯的一個軍事基地），並在這個城市度過了幾乎整個一生。

康德試圖顛覆主張技術專家
政治論的哲學

科學和倫理

* 我們在後文會發現，康德試圖顛覆主張技術專家政治論的哲學，是提出了一套更加真正鼓舞人心的哲學的第一位近代哲學家。這是一種看待世界的方式，它將獨立的、富有創造性的人置於世界的中心。

* 在18世紀，很多哲學家得出結論說，科學的理性方法不僅是獲得真理的最可靠的途徑，就像理性主義者和經驗主義者認為的那樣，而且在某種程度上是倫理原則。

獨立、富有創造性的人
居於世界的中心

人類歷史就是奮鬥以構建一種理性文化

構建未來

★ 根據啟蒙運動哲學家，如法國哲學家**伏爾泰（Voltaire, 1694-1778）**的觀點，人類歷史就是奮鬥以構建一種理性文化，驅除所有的神秘和迷信，並努力在理性（包括科學）知識的聖光揭示的原則上構建一個未來社會。

伏爾泰

理性知識為構建未來社會添磚加瓦

一個絢爛的科學新世界

★ 因此，在這新一撥贊同技術專家政治論的人看來，科學研究來之不易的成果向我們展示的關於我們自己和自然界的新知識，應該增強國家的決策者和其他主張技術專家政治論的策略家們試圖構建一個理性未來的能力。

值得勉力嘗試

康德的著作，尤其是著名的《純粹理性批判》(Critique of Pure Reason, 1781)，是很艱深的，滿篇是想像得到的最晦澀難懂的概念區分。這是一片任何時候看來都幾乎密不透風的幽暗的知識灌木叢，但對那些有意願堅持穿過的人來說，哲學的收益是巨大的。

科學知識應當被用於建立一個新的、完美的社會

善的社會

★ 許多啟蒙思想家都認同文藝復興時期的哲學家弗蘭西斯・培根（Francis Bacon, 1562-1626）的觀點，培根主張，科學知識應該用於建立一個 "新的亞特蘭蒂斯"（new Atlantis），在那裡知識被用於治療社會的各種痼疾。

一個用知識來治療 "疾病" 的社會

理智佔上風可以嗎？

★ 他們認為，如果允許理智和理性成為現代社會的組織原則，那麼這個世界必然會發展成為一個真正的 "善的社會"（good society），一個建立在社會進步、寬容和遵從所有人的 "公意"（general will）等價值觀基礎上的社會。

啟蒙運動

在歐洲文化史上，這個時期，很多哲學家認為，理性的思考會讓人們真正認識自己，也讓人們在清澈的 "理智之鏡" 的反光中 "坦誠地面對自己"。

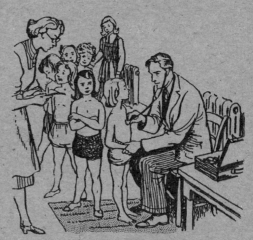

反省理性思想

★ 根據當時的啟蒙運動，我們可以發現，見於主張技術專家政治論的哲學家著作中的思想，是如何漸漸地被用於證明技術專家政治論者新的烏托邦思想的，哲學又是如何漸漸地把自己視為社會管理的一種工具的。

理性的局限

★ 康德，和在他之前的休謨一樣，認為哲學思考能把隱蔽的人類心靈的活動帶出水面。然而，和休謨一樣，康德對於一些理性主義哲學家賦予理智和理性的力量表示懷疑，他想證明理性是有其局限的。

康德的哲學也反思它自己

康德的解決方法

★ 為此，康德對於理性思想的原則本身也進行了哲學思考。康德拒絕因空想的科學的可能性而失去自制力。他不僅試圖證明科學乃是基於理性的原則，還試圖證明，只有正確利用，這些理性原則才能是知識的來源。

自知之明

康德的哲學思考是非同尋常的，因為在這思考中，思考本身也成了被思考的對象。在這個意義上，康德的思想，和赫拉克利特（參見第37-38頁）的一樣，與艾歇爾的自畫像類似。

123

一種錯誤的哲學

✻ 康德對於休謨的懷疑論經驗主義印象頗深，但沒有接受休謨的結論，康德認為，休謨真正證明的，恰好是經驗主義是錯誤的這一觀點。因此，他認為："一名堅定的經驗主義者認為我們根本不能認識任何事物。事實上我們確實認識一些事物。因此，經驗主義是一種錯誤的哲學。"

我們是愛譏誚人的懷疑主義者

返回知識

✻ 那麼，在康德看來，人們是如何認識事物的呢？他認為，經驗主義者已經被引入庸人的深潭，因為經驗主義者將人類心靈視作被動的機械裝置，只能從簡單的感官資訊中形成一定的心靈活動（habits of mind）。

✻ 然而，我們確實認識一些事物。因此，在康德看來，哲學一定要從我們知道什麼著手，然後"逆向論證"（argue backwards），以證明人們是如何可能認識這樣的事物的。

✻ 這種逆向論證，意在揭示人類所有思想和行為可能性的條件，康德稱之為先驗推理（transcendental reasoning）。

主動的心靈

✻ 通過使用這種推理，康德聲稱：人類知識，是由人類心靈綜合感官信息使之具有重要意義的能力，製造（既非發現，也非發明）出來的。

✻ 所以能夠如此，是因為人類心靈規定了空間、時間、數量、特性等基本概念，這些概念負責把我們的感官經驗（康德稱之為"intuitions"）組織成有意義的思想。

✻ 康德認為，經驗主義者忽視了來自人類心靈的主動資訊（active input），因此，他認為，這些人難以躲避那些愛譏誚別人的懷疑主義者的嘲笑，便不足為奇了。

心靈的綜合

✻ 康德稱人類心靈的這些綜合原則，為先驗的綜合原則。他們包括理性主義者的數學原則以及道德原則。在康德看來，一些陳述，如 **"我喜歡以殺人為樂"**，和"二加二等於九十六"這個陳述一樣，都是先驗地錯誤的，因此，可以認為，康德是 **將哲學的理性主義延伸**到了道德和政治哲學領域。

我喜歡
以殺人為樂

可能的知識

在康德看來，"沒有概念的直觀是瞎子"。因此，儘管經驗主義者嘲笑理性主義先驗的理性思考之濫是正確的，但他們需要借助康德的哲學觀點，才能明白知識終究是可能的。

沒有概念的直觀是瞎子

康德的使命

康德的願望，是發現物理世界以及"道德世界"的原理。因此，他的哲學試圖將科學的理性主義和浪漫主義關於"自我"的內容結合起來。

去掉這些討厭的粉
刺！我説去掉

現象的世界

★ 然而，康德的思想遠遠不止這些。由於他主張，我們關於世界的所有有意義的經驗，包括關於我們自己的所有有意義的經驗，是人類心靈創造的，因此人類心靈不是自然界的一部分，而是以某種方式外在於自然界——這一哲學觀點，被稱為先驗唯心論。

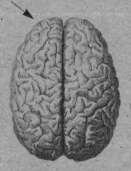

人的大腦

·站在外面往裡看

康德的影響

康德的哲學真正想達到的目的，是重新喚起藝術家和夢想家的哲學激情。為康德叫好！

富於創造性的自我

★ 在康德看來，我們認識的惟一的世界，是現象的世界（phenomenal world of appearances），我們決不會認識事物本身（物自體，Ding an sich）真正的樣子。但是，其理性的哲學思考向他證明，一定還存在一個綜合的主體（synthesizing subject），這便是富於創造性的單個的自我（individual creative self），它借助獨立

人們都在創造自己的世界

的理性的判斷力創造了它自己的世界。

★ 因此，在康德看來，**概念和直觀之中及兩者之間**，乃是單個人的判斷，將概念應用於直觀，就像一門藝術，而不像一個理性過程。

我宣判你自己作主決定

計算不能
解決問題

關鍵詞

先驗唯心論
（**Transcendental Idealism**）：
形而上學思想，認為世界在現象層次是真實的，但事實上是心靈的創造物。
直觀（Intuitions）：
原始的感官素材，只有被心靈概念化後才有意義。
判斷（Judgement）：
將概念用於直觀的方法。

一個浪漫主義思想家

★ 康德的哲學是艱深的，但仔細閱讀，會明白他更多地是一名浪漫主義思想家，而不是一個理性主義者。在他看來，雖然所有的人都具有先驗的**理性原則，他們之應用這些原則，是一種藝術，而不只是一種數學計算行為**。因此，思想就像獨立地使用想像，而不是報帳、估算或者其他形式的精算思考。

哎，我把那個概念
放在哪兒了？

浪漫主義者和唯美主義者

* 康德哲學之後，便出現了浪漫主義者，他們認為心靈和自然是統一的，並視藝術和唯美主義闡釋為所有正確知識的來源。在浪漫主義者，如弗雷德里希·范謝林（Friedrich von Schelling, 1775-1854）和詩人、歷史學家弗雷德里希·席勒（Friedrich Schiller, 1759-1805）看來，真正的創造了知識的人，都是唯美主義的天才，而不是注重實驗的科學家。

唯美主義的看法

浪漫主義者反對聲稱科學和數學的方法是獲得正確知識的惟一途徑的那些哲學家。在他們看來，乃是從無中創造其世界的藝術家的創造性活動，更正確地描述了人類知性的本質。

心靈和自然浪漫主義的統一

關鍵詞

精神（Geist）：
即普遍精神，每個個體的心靈都是其中的一部分。

辯證法（Dialectic）：
決定歷史中精神運動的原則。

新的綜合

* 到19世紀初，很多哲學家試圖重新將理性主義和浪漫主義結合起來，形成一種新的更高級的哲學。將這兩種似乎針鋒相對的哲學重新結合起來的最著名的成就，

唯美主義者5分
科學家0分

罵

打

可以在德國人格奧爾格・威廉・弗雷德里希・黑格爾（Georg Wilhelm Friedrich Hegel, 1770-1831）的著作中見到。

黑格爾和歷史

★ 黑格爾接受了康德的唯心主義，將實體視為**理性心靈**活動的產物。然而，這心靈，是與理性主義者（包括康德）孤獨的笛卡兒式自我非常不同的東西。在黑格爾看來，**心靈是一種普遍精神（Geist），貫穿在整個時間和空間中**。理性被視為統轄歷史中這一精神運動的基本原則（這是非常赫拉克利特化的一個命題）。**明白地講，精神核心的矛盾是歷史變革的理性"動力"。**

辯證法

★ 在黑格爾看來，歷史上精神的運動遵從一個辯證的過程。他這麼說，意思是普遍精神中的矛盾可以被理解為如一次辯論中的雙方（正題和反題），當雙方綜合起來時，矛盾就解決了。這一過程，他以為，會一直持續到精神的所有矛盾自我解決。在歷史的這個最後時刻，黑格爾認為，精神完全認識了自己。

理解黑格爾，需要作大量的研究

艱深的著作

不知所云吧？哦，黑格爾的哲學著作闡述了哲學史上一些很難懂的哲學概念。德國哲學家**赫爾伯特・馬爾庫塞**（Herbert Marcuse, 1898-1979）稱，要想充分理解黑格爾哲學的妙處，對於其最著名的著作《精神現象學》（The Phenomenology of Spirit, 1807），其中的每一頁都得花至少六個小時展讀。

強與弱

* 簡而言之，黑格爾的哲學認為，歷史是受相互抗爭的思想體系之間的矛盾推動的一個社會推移過程。這一"矛盾"被認為很像奴隸主和奴隸之間的鬥爭，只有當奴隸主最終承認奴隸是自由人時，這鬥爭才算平息。因此，各種思想之間相互爭鬥，是為了尋求承認：一旦"弱勢"思想被"強勢"思想承認是有效的、有意義的，佔主導地位的強勢思想就會發生變化。這時，一套新的思想就會出現，替代前兩者。黑格爾稱之為辯證過程，這是一個歷史性的變化，會通過一個正題、反題，最後重新綜合的過程，產生新的、更好的知識。

這就是歷史的終結嗎？

歷史的終結

* 在黑格爾看來，歷史會在什麼時候終結呢？哎，很顯然，是當互相敵對的思想體系之間沒有了矛盾時。他認為，這1806年就發生了，其時拿破崙在耶拿（Jena）一戰中打敗了普魯士軍隊。黑格爾認為，這一戰代表着曾經激起法國大革命的思想的最終勝利——也就是自由、平等和博愛的思想。這似乎是一個很傻的觀點，幾乎不會讓人信服。但當代美國哲學家弗朗西斯·福山（Francis Fukuyama）也曾宣稱，在前蘇聯解體的那一刻，歷史就已經終結。他說，反對現代資本主義的主要制度這次土崩瓦解，預示着惟一的單個消費者擁有不可放棄的權利這一自由思想，取得了最後的勝利。

* 福山認為，我們現在生活在一個"**後歷史社會**"（post-historical world），在這個時代，什麼都不會發生，最緊迫的社會問題是厭倦

托尼·布萊爾（Tony Blair）

瑪吉·撒切爾
（Maggie Thatcher）

尼爾·金諾克
（Neil Kinnock）

一連串的形象——
英國領導人

我們必須做點什麼
以緩解我們的厭倦

(boredom)。然而，令人欣慰的是，大多數人還是想瞭解歷史將來的進程。福山和其他人一樣，也只是於冷戰結束時，在哲學上有點激動得失去自制力。

一個政治上的例子

如果你關注20世紀80年代的英國政治，就會發現，瑪格麗特·撒切爾的觀點是佔主導地位的正題，尼爾·金諾克的觀點是處於弱勢的反題。對這兩種觀點最終進行黑格爾式的綜合，便成了托尼·布萊爾新工黨的觀點。布萊爾的觀點最終將會產生它們自己的反題，如此反復，以至歷史終結。

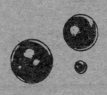

黑格爾持久的影響

★ 黑格爾是一名理性主義哲學家，他信仰理性和進步。他認為，人類社會組織最高級的形式是19世紀專制的普魯士政權，最終他還是成了一名技術專家政治論者，這一點不足為怪。

關鍵詞

唯物主義
（Materialism）：
認為萬物都是由物質組成的形而上學觀點。
資產階級
（Bourgeoisie）：
擁有資本的社會階級。
無產階級
（Proletariat）：
出賣勞動力的社會階級。

哲學會朝哪個方向行進？

歷史人物

在黑格爾看來，是我們對歷史的認識，而非科學，為我們提供了認識我們自己及周圍事物的最佳途徑。黑格爾探問"什麼是歷史？"以及"歷史朝什麼方向發展？"，這使得他成了一位極其重要的哲學家。

變動的好處

★ 然而，黑格爾哲學中還有很多可圈可點的地方。他是接受赫拉克利特思想的第一位近代哲學家，認為流動和變化是存在的部分本質。

★ 黑格爾沒有像一般的技術專家政治論那樣為科學辯護，而認為歷史反省是獲得真理的方法。但是，他又說，通過這種方法獲得的真理，是暫時的，是歷史環境的產物。

你知道，變動和停頓一樣的好

馬克思對黑格爾的改造

＊ 黑格爾的思想培育了一個狹小的哲學圈子。最著名的黑格爾信徒是卡爾·馬克思（Karl Marx, 1818-1883, 參見第134-137頁）。馬克思非常膺服黑格爾關於歷史變革的辯證法思想，但他擯棄了黑格爾的唯心主義，認為其哲學中的這一部分不過是混亂模糊的神秘主義罷了。

＊ 馬克思試圖使黑格爾的思想與唯物主義的形而上學更好地結合起來。他認為，進步的歷史變革的真正動力，不是抽象的思

列寧

在人類歷史上，有些時期會產生可怕的觀點

想體系之間的衝突，而是有着截然不同的物質利益的社會階級、階層之間現實的衝突。

公正的社會

馬克思認為，近代社會最重要的階級衝突，乃是資產階級（老闆）和無產階級（工人）之間的衝突。無產階級在血腥的社會革命中的勝利，最終會解決這個衝突，隨後便是無產階級專政，最後便是各種形式的社會統治的衰落，以及獨立生產者真正自由和公正的社會的出現。然而，到了弗拉基米爾·列寧（Vladimir Lenin, 1870-1924）的手裡，馬克思主義就把這個歷史的幸福結局不放在心上了。

巴黎

人作為商品

★ 卡爾·馬克思1818年生於特里爾（Trier），該地現在屬於德國。1844年，他徙居巴黎，在此逐漸瞭解了新興的"工人階級運動"激進的政治活動。其早期的哲學著作，收錄在《經濟學─哲學手稿》（The Economic and Philosophical Manuscripts）中，有深刻的人道主義色彩，關注人如何才能通過自由的創造性活動得到發展。

反對資本主義

★ 馬克思認為，歐洲勞動人口的大多數，沒有機會作為個人充分地發展自我，因為他們被迫出賣他們的勞動給那些剝削成性的資本家：這是些貪婪的商人，認為勞動人民是利潤的來源，而不是人。這樣人就淪為抽象的商品，可以與相同價格的其他商品進行交換。

★ 馬克思認為，在這一制度下，工人必然會被異化，遠離他們真正的

人類傳輸帶

自我。在馬克思看來，這意味着勞動人民疏離了他們的存在。他們的時間不屬於他們自己，他們勞動的成果、他們製造的產品，也並非供他們自己使用，而是用於在開放的市場上出售獲取利潤。馬克思是一名政治哲學家，尋求揭露現代資本主義社會的不公正。其關於"美好社會"的思想，來自他對前現代形式的社會生活本質的認識，在這種生活中：佔主導地位的工作方式是個體手工生產（craft production），產品供集體使用（use），而非用於經濟交換（exchange）。

建立共產主義

★ 馬克思離開巴黎，最後返回德國，在此越來越深入地參加了工人階級的政治活動。與他終身的朋友和同事**弗雷德里希·恩格斯**（Friedrich Engels, 1820-1895）一道創建了共產主義同盟，1848年，他寫了《共產黨宣言》，這本小冊子，是為政治鼓動和宣傳的目的而寫的，並非出於哲學的原因。在這部著作中，他聲稱，資本主義事實上是人間地獄，"出售的一切都融入了空氣"，"所有的犧牲都遭到褻瀆"。正是在這部著作中，他提出了他後來賴以獲得聲譽的歷史哲學。

創造性的自由

馬克思富於激情地信仰人的創造性和自由，認為過去的手工生產在本質上是田園風光式的，這使得他在早期成了一名**浪漫主義哲學家**。

馬克思

青年黑格爾主義者

馬克思在柏林大學學習哲學，所謂的青年黑格爾運動（young Hegelian movement）宣揚的唯物主義哲學對他產生了深刻的影響。青年黑格爾運動試圖利用黑格爾本質上保守的哲學，作為激進的社會批評工具。

一位革命哲學家

馬克思整套的哲學方法，在其著名的《關於費爾巴哈的十一條提綱》（Eleventh Thesis on Feuerbach）中得到體現，他聲稱，"哲學家只是描述了世界，關鍵的是要改造它"。因此看來，馬克思並非真正的哲學家，而是一個致力於社會和政治改造的革命家。馬克思正確地預見到20世紀的社會是由工人及其老闆之間的衝突推動的。因此，他和尼采一起，成了現代最主要的預言家。

馬克思

階級鬥爭

✱ 根據馬克思的觀點，整個人類歷史，可以被視為一系列的階級鬥爭。中世紀封建社會最重要的階級鬥爭，是商人階級與舊封建貴族之間的衝突。解決這一衝突的方法，便是建立了一個新的社會制度，資本主義制度。但資本主義制度，也是有階級壓迫，儘管它假裝沒有。資本主義制度下現代歷史前進的動力，馬克思認為，是資產階級和無產階級之間的政治鬥爭。

資本主義的滅亡

✱ 這一鬥爭將導致資本主義的最終滅亡和共產主義社會的出現，在共產主義社會裡，每個人都按照"各盡所能、按需分配"的原則生活。成熟的馬克思擯棄了其人道主義和黑格爾哲學基礎，試圖創建一個關於社會的科學。他認為，所有人類社會最根本的基礎是關乎物質生產的經濟基礎，歸根結蒂，人是受其物質需求（對食物、衣服和歡樂的需求）驅使的。

另一種經濟學

✱ 馬克思試圖在另一種經濟學的基礎上創建他自己的新科學，這種經濟學不同於亞當·斯密（Adam Smith, 1723-1790）和李嘉圖（David Richardo, 1772-1823）創立的古典經濟學。這些經濟學家曾經主張，現代資本主義是自私的"追求利潤最大化"的個人組成的一個自由市場，自由市場是分配資源的最理性的方式。馬克思試圖揭示亞當·斯密和李嘉圖的理論是**空想**——也就是説，**錯誤地解釋了**人類社會生活的本質，掩蓋了現代資本主義社會裡對大多數人來説非常殘酷的生活真相。

一些人的真實境況

✱ 馬克思提出了他自己的一套經濟學理論，即所謂的**勞動價值理論**（Labour theory of value），認為一件東西的真正價值不是由其價格決定的，但應該根據製造它所花的**時間**來計算。他就是這樣證明工人是世界上所有價值的真正源泉，但這些價值被資產階級不公正地竊取了。

"兩個家庭……一個富有；一個一無所有"

關鍵詞

異化（Alienation）：
一種哲學的痛苦狀態，人們不知道他們自己事實上是誰。

空想（Ideologies）：
製造幻覺的一些思想，以為世界基本上是公正和自由的，因此掩蓋了現代資本主義殘酷的現實。

有代價的自由

✱ 19世紀中葉，出現了一種特別令人沮喪的浪漫主義思想。在丹麥哲學家瑟倫·克爾凱郭爾（Soren Kierkegaard, 1813-1855）的思想中，我們可以發現一種關於人類自由的本質和意義的文化悲觀主義。在《非此即彼》（Either/Or）中，克爾凱郭爾強調了現代自由的哲學代價。他指出，在大多數人看來，生活似乎提供了一系列的選擇，每個個體都得獨自作出決定，沒有理性、傳統和宗教信仰的幫助。

叔本華

阿瑟·叔本華（Arthur Schopenhauer, 1788-1860）也是一位著名的悲觀的浪漫主義哲學家。他和克爾凱郭爾一樣，關注獲得自由的哲學基礎。在他看來，獲得自由，意味著永不能獲得滿足的意志獲得解放。因此，人類生活注定是充滿失望的。和善良的浪漫主義者一樣，叔本華主張：生活真正的意義，在於藝術給心灰意懶的人帶來的撫慰。

一切都沒有意義

痛苦的存在

✱ 在《致死的疾病》（Sickness Unto Death）中，克爾凱郭爾認為現代生活正遭受一些痛苦的情緒所籠罩：對於選擇的焦慮、對於未來的恐懼以及面臨死亡的無意義。他的思想後來影響了20世紀一些存在主義小說家兼哲學家陰鬱、憂思滿紙的寫作，如弗朗茲·卡夫卡（Franz Kafka）、讓保羅·薩特（Jean-Paul

Sartre）和阿爾伯特·加繆（Albert Camus）。

✽ 叔本華（Schopenhauer）的思想由弗雷德里希·尼采（Friedrich Nietzsche）（參見第140-143頁）作了進一步的發展。尼采認為人類世界是"強人"權力意志（will to power）的表現，這些"強人"有着內在的生命力為自己創造他們獨有的意義。在尼采看來，生活的要點，並非呆坐着沮喪於現代技術專家政治的無意義，而是要逃到你自己創造的一個新世界，在這個世界裡，你的生活遵從真正高

克爾凱郭爾對於
人類自由非常悲觀

我們
正在建立
一個新
的、不同
的社會

貴的價值觀。

浪漫主義的觀點

✽ 浪漫主義者提出了針對一種新社會的一些新的哲學思想，這種社會不同於技術專家政治論者及其哲學辯護士構建的社會。浪漫主義者提出的關於社會的看法，要比他們過於節制的、技術性的對手，更富感情、更自然。

醜惡的浪漫

源自浪漫主義思想的政治活動，肇成了現代史上一些最為醜惡的歷史時期。馬克思的思想被用於支持斯大林主義的恐怖，而尼采的思想則影響了納粹的思想體系。這些浪漫主義的社會觀點，讓我們無處可逃。

生活如此
壓抑

尼采

★ 尼采是查爾斯‧達爾文（Charles Darwin, 1809-1882）的著作引發西方思想革命後第一位偉大的哲學家。他1844年生於薩克森，父親是一名路德會本堂牧師，其新教家教對他的哲學產生了影響，因此，尼采的哲學思想，可以被看作在基督教新教（崇拜英雄個人）和傳統異教（膜拜自然的權力）之間尋求一種新的結合的嘗試。

尼采

尼采被他的遠親
弄得心情沮喪

達爾文的理論

在《物種起源》（The Origin of Species）中，達爾文聲稱，人類不是按上帝的形象造出來的，是猴子和類人猿進化的遠親。在尼采看來，這是一個令人沮喪的消息。

現代的無意義

★ 即便以極其容易激動的哲學家為標準來衡量，尼采也算是性情很敏感的，對達爾文的進化理論產生的思想後果看得過於嚴重。由於宇宙不是為上帝所創造的人類而創造的，人類便在根本沒有任何真正意義的宇宙中顯得形孤影單。

★ 尼采的整套哲學，可以視作在試圖回答這樣一個問題：**在沒有事物（上帝）保證生活有意義的世界裡，我們怎樣生活？** 1882年，尼采最終認定上帝死了，便開始了其漫長的哲學研究，欲圖為"生活的意義"尋找一個非宗教的答案，試圖逃避不再信仰基督教後接踵而至的絕望。這種情形，他稱之為虛無主義（nihilism）——也就是認為所有的事物都沒有意義，在尼采看來，這才是現代世界面臨的首要的哲學問題。

現代生活很
沒有意義

可怕的預言

★ 尼采是現代主要的預言家之一。他準確地預言，20世紀的生活是一個危險的時期；在一個沒有上帝的世界，人們將追隨使得他們在越來越沒有意義的宇宙裡感受到了個人價值的任何人或任何事物。

★ 尼采警告未來潛藏着的危險，但他幾乎不相信大多數"凡人"的道德能力。尼采不像馬克思，他沒有將對美好未來的希望寄託在無產階級身上。但和許多德國哲學家一樣，他是個自命不凡的人物，認為絕大多數人很像牛，一群遵從牛類道德的牛。

關鍵詞

進化論
（Evolution）：
達爾文的理論，認為所有的生命形式都是從比較原始的生命形式經過一段時間發展來的。

虛無主義
（Nihilism）：
認為任何事物都沒有意義的哲學思想。

軟弱的犯人

在尼采看來，20世紀是一個充滿軟弱的犯人以及操縱人們走向毀滅的錯誤預言家的時代。參照希特勒和斯大林犯下的暴行，這實在是一個值得注意的預言。

我只追隨
牛群

哈哈，真
可笑，哈哈

超人

★ 尼采認為，與牛一樣呆頭呆腦的凡人相反，世上還有少數"偉人"，即超人（übermenschen），能夠超越愚鈍的凡世。這些人根據他們自己的價值觀來生活，而不是遵從別人強加的價值觀，尼采認為人都應該像這些偉人那樣活着，為自己創造獨有的價值觀。尼采相信，他的哲學能把後人從虛無主義的恐懼中拯救出來。

替代基督教

★ 尼采試圖創建一種新型的生活，確認一種基於對希臘酒神和歡樂之神——狄奧尼索斯（Dionysus）的崇拜的新精神（spirituality）。這種形式的精神與否定生活、寄望來世的基督教精神相對，在他看來，基督教精神使得人們討厭自己、憎恨生活。事實上，尼采認為，基督教崇拜一個死去的上帝——被釘上十字架的耶穌，是他試圖"重估所有價值觀"的主要障礙，並且妨害他重新思考道德的本質，以便從宗教致命的桎梏中解放出來，建立一種新的藝術和生活倫理。

我們要酒喝
歡樂原則

尼采的聖經

* 尼采漸漸地將自己視為一種**哲學聖徒**（philosophical saint），寫下了奇特的格言體著作《查拉圖斯特拉如是說》（Also sprach Zarathustra, 1883-1885），並將其作為"新的聖經"，該書對新約作了一個唯美主義的回答。尼采在書中講述了隱士查拉圖斯特拉的故事，這位隱士決定"下山"重返凡世紅塵。然後他決意祈求他新的福音，人必須被征服，我們都應該準備迎接超人的迅速降臨。

在藝術中尋求價值觀

一個危險的結論

* 尼采的思想之所以重要，乃是因為它們指出，在一個後宗教（postreligious）的社會裡，沒有絕對的價值觀，因此，一個人想避開虛無主義的深淵，就得為自己創造一些有趣的價值觀。然而，他認為他能這樣做，而不用考慮其他的人，這說明，任何人想把藝術轉變為生活而不去考慮現實，是不夠明智的。尼采死於1900年，標誌着哲學浪漫主義的終結。

作為救贖的藝術

尼采的哲學稱，在上帝不創造價值觀的世界裡，富於創造性，創造新的價值觀和新的生活方式，是必要的。因此，在尼采看來，人類生活的最高形式是藝術，偉大的藝術家是人類真正的救主。因此，尼采的哲學既是自我主義的——因為它敬重英雄人物，也是唯美主義的——因為它崇尚藝術家憑空創造事物的能力。

奮鬥成為一個英雄人物

第六章

發瘋的哲學家

浪漫主義的失敗

浪漫主義是一種文化失敗,它的觀點,已經與大眾關於發瘋的哲學家、淫靡的藝術家和惡魔般的專制君主等形象的想像,聯繫在一起。這是一種恥辱,因為浪漫主義哲學思想,就現代社會裡大多數人認為生活是什麼樣子,提出了一種深刻的見解。

惡魔般的專制君主

終局

★ 技術專家政治論的現代化,付出了社會和心理代價,哲學上的浪漫主義運動,可以被視作對人們察覺到的這些代價作出的更加廣泛的文化反應的一部分。浪漫主義者悲歎那些被他們認為是伴隨着科學驅動的"進步"而出現的損失,期望回復到人們在更加穩定和安全的社會裡過着更加"自然"的生活的世界。

敏感的心理

★ 浪漫主義者抱怨,技術專家政治論哲學家提出的**關於自我和世界的理性模式**,是對自我淺陋的歪曲,便試圖提出一種關於人類的不同說法,對人類心理非理性和情感的特徵給予更多的關注。

★ 在19世紀的浪漫主義哲學家看來,現代人的命運是不幸的。浪漫主義者認為,大多數現代人,都被迫過着**特別不滿意的生活**。比如,尼采就認為,現代技術專家政治論社會裡的生活,是"**污穢和有着可悲的安閒**"的生活,他試圖證明,現代人由於全社會性的對現代科技的理性運用而被"**進步**"(advances)馴化得過度溫順。

無意識的驅使

★ 這一觀念，成了20世紀最重要的思想人物之一西格蒙德·弗洛伊德（Sigmund

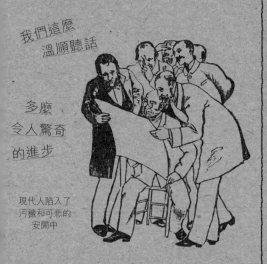

我們這麼溫順聽話

多麼令人驚奇的進步

現代人陷入了污穢和可悲的安閒中

弗洛伊德

Freud, 1856-1939）關注的哲學焦點。弗洛伊德認可浪漫主義者對現代社會的批評，但他相信自己發現了處理這些問題的科學方法。在弗洛伊德看來，需要的是建立一門關於心靈的**新科學——精神分析學**——更多地關注心理中深深隱藏的、非理性的部分。弗洛伊德認為，理性主義者和經驗主義者只是說明了**意識（自我）**的模式，而忽略了**無意識（本我）**的存在。

弗洛伊德

弗洛伊德認為，夢是認識無意識的"捷徑"。在他看來，只有通過夢境、幻想和希望，無意識才象徵性地展露給意識，—他聲稱，由於這些主要是關涉性的，所以便成了我們的無意識。

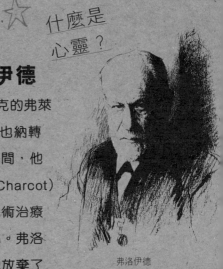

什麼是心靈？

西格蒙德·弗洛伊德

★ 弗洛伊德1856年生於捷克的弗萊堡（Freiburg）城。他在維也納轉學醫學。然而在巴黎學習期間，他受了法國心理學家夏爾科（Charcot）觀點的影響，對其使用催眠術治療癔病性麻痹的嘗試尤其銘心。弗洛伊德之遇到夏爾科，使得他放棄了

弗洛伊德

醫學，開始想知道心靈和肉體可能會有怎樣的聯繫。夏爾科之使用催眠術，似乎說明生理疾病可能有潛在的心理原因，因此可以通過心理學的方法進行治療。

現代疾病都病在心靈

最先的興趣

弗洛伊德早期的醫學研究，關注的是鰻魚的生殖器官。有人也許會說，這能夠解釋他後來的一些先入之見！

什麼是心靈？

★ 正是受夏爾科啟發，弗洛伊德提出了他的兩個最重要的觀點，即**心理問題可以通過使用語言來治癒**，另外，**觀念，而不是潛在的生理疾病，可能是許多生理和心理疾病的真正肇因。**雖然弗洛伊德作為現代心理學的創始人而享有盛譽，他的觀點還是得益於哲學關注的推動。引導弗洛伊德後來從事哲學研究的兩個主要問題，是現代世界最大的兩個問題——什麼是心靈，以及它是怎樣發展的？

★ 1895年，參加完於柏林舉行的一次研討會，在往回趕的火車上，弗洛伊德為主張技術專家政治論的"現代心理學計劃"

（Project for a Scientific Psychology）想出了一個主意。在這項工作中，弗洛伊德提出了其關於心靈的觀點，認為心靈是一個自我調節的系統，其目的在於快樂地釋放能量。弗洛伊德認為，心靈就像恆溫器和高壓鍋之間的一個四通接頭，努力維持它自身處於心理能量的一種穩定狀態。因此，在弗洛伊德看來，人的心靈是一種**動力機械**。

無意識

★ 弗洛伊德利用這一觀點，提出了他的無意識理論。他認為，這種心理能量的最重要的來源之一，乃是人的本能，如食物和性的需要。這些本能，不在心靈有意識和理性部分的控制之下。它們受心靈中更為基本的另一部分即無意識控制。這一部分有其自己的原則——快樂原則。在弗洛伊德看來，這無意識要求得到即時的滿足，如果其快樂的努力受到阻撓，它就會非常焦慮不安。

關鍵詞

無意識（The Unconscious）：心靈中追求人的基本本能的那一部分。

快樂原則（Pleasure Principle）：人類對滿足基本慾望的基本需求。

超我（The Superego）：心靈中令我們尷尬和羞辱，而控制我們的基本慾望，使我們文明的那一部分。

無意識的慾望

147

持續不斷的鬥爭

★ 意識經常會發現，一些基本的衝動，如飢餓和性慾，是不可接受的，也不可能得到滿足。我們大家都知道，突然之間想吃想睡，都是不切實際的，會使得周圍的人難堪。在弗洛伊德看來，意識不得不持續地防衛自己免受無意識慾望之潮的不斷衝擊，處理這樣要不得的想法最重要的方法，便是抑制。這樣做，弗洛伊德的意思是"把它們壓回到無意識"。

美味
純粹的
快樂

滿足基本的衝動

讓事物受到約束

★ 然而，這樣的想法是決不會簡簡單單就被忘掉的。它們要求滿足，如果沒有便捷的方法釋放它們，它們便只能通過希望它們是正確的來獲得滿足。**據推測，這就是為什麼飢餓的人夢到食物、囚犯幻想逃跑、光棍哲學家夢見美麗女神的原因。**

★ 人的心靈包含許多被壓制的材料，會影響我們的思考和行為方式，這一觀點成了弗洛伊德心理發展理論的基石。在弗洛伊德看來，小孩的心靈純粹受快樂衝動的驅使，其中包括性快樂——這一點很有爭議。父母的任務，便是教化孩子，使之將這些衝動置於理性和道德的控制之下。

保持乾淨！

* 然而，有時，這只有在小孩付出巨大的心理代價後才能實現。例如，弗洛伊德認為，過分注重訓練小孩控制它們排便的本能，會導致成人後有"肛門依戀"的癖性。如果孩子被迫認為排便是骯髒的，小孩便會自我防衛，抗拒"弄亂弄糟"之類的慾望。這樣有"肛門記憶"的人，最後會變得過分苛求整潔，有些人則變得平庸且邋遢。但後來有許多心理學家認為弗洛伊德的這一責難是很無聊和愚蠢的！

* 第一次世界大戰後，弗洛伊德對於人的本質越來越沮喪。在《超越快樂原則》（Beyond the Pleasure Principle）中，他爭論說，無意識並非僅僅以快樂為動機，而且還受基本的破壞慾望的驅使。弗洛伊德給這一觀點取了個很令人毛骨悚然的名字："死亡衝動"（the death drive），在他看來，這代表了無意識的一種基本衝動，返回到了一種極樂的虛無狀態。

弗洛伊德最後的話

在晚年，弗洛伊德寫下了其最明確的一部哲學著作《文明與不滿》（Civilisation and its Discontents）。在這部著作中，他認為，我們最基本的慾望決不會得到滿足，馬克思主義關於理想共產主義社會的觀點只是一個愚蠢的希望。在這些較晚的論著中，他認為，帶著我們的無意識慾望，便沒有輕鬆的生活方式，並且"每個人都必須為自己探明，以何種特別的方式，他才能得救"。這樣，精神分析學最後成了一種奇怪的道德哲學。

這是我基本的
破壞慾望

死亡衝動

我是很
不可預測的

人們內心
的獸性

動物的本能

★ 弗洛伊德將心理的理性部分看作一層薄薄的木板，覆蓋着古老而又更加難以預測的非理性部分。在弗洛伊德看來，無意識代表着人內心的"獸性"：人內心的這一部分，是易衝動的、出於本能的，要求立即得到滿足。

內心的惡魔

★ 弗洛伊德描述了人類心靈與自身的衝突，認為我們所能希望的，乃是承認"我們內心的惡魔"，把它置於理性的控制之下。

★ 弗洛伊德認為，大多數人，只有在接受為人認可的**精神分析學家**數年的治療後，才能獲得這種自制能力。出於這個原因，弗洛伊德成了一名重要的技術統治論者，認為人類生活最重要的問題，只能由受過奇特的精神分析技術訓練的精神分析專家來解答。

現象學

★ 德國哲學家愛德蒙·胡塞爾（Edmund Husserl, 1859-1938）試圖建立一種關於以往經驗（lived experience）的新科學，欲以更加抽象和理性的方式來認識人類解釋和判斷——浪漫主義者曾聲

科學作出回答

對於19世紀浪漫主義者提出的問題，弗洛伊德的思想作出了一種技術專家政治論的回答。事實上，在20世紀早期，這是很多知識分子思想的趨向，有很多哲學家認為，科學可以解決浪漫主義者認可的現代生活中出現的所有困難。

稱這是一種藝術——的特徵。然而，他從未真正成功地完成過這項工作，他新提出的**現象學**也從未真正問世。

你在我的權力掌握中

對專家的崇拜出現了

關鍵詞

**精神分析學家
（Psychoanalyst）：**
研究無意識的自封的專家。

**現象學
（Phenomenology）：**
關於意識的科學，試圖認識人的心靈如何產生意義。

**語言哲學
（Philosophy of Language）：**
意欲揭示所有人類語言"邏輯結構"的工作。

關注語言

★ 大約在同一時間，世上還出現了意在以更加理性的方式認識**語言**的努力。這種關於語言的技術專家政治論思想，在**戈特羅‧弗雷格**（Gottlob Frege, 1848-1925）的著作中可以發現。弗雷格認為，所有有意義的人類語言，都可以簡化為邏輯格式：即抽象的符號表達，看起來很像幾何學。弗雷格在使人類語言系統化的工作中，為現代語言科學即語言學開啟了道路。弗雷格新提出的語言科學後來影響了**伯特蘭‧羅素**（Bertrand Russell, 1872-1970）以及羅素的弟子**路德維希‧維特根斯坦**（Ludwig Wittgenstein, 1889-1951）。

"什麼
是數？"

一個問題讓維特根斯坦
傷透腦筋·

維特根斯坦

★ 維特根斯坦初涉哲學的故事，現在很大
程度上已經成了一個哲學傳說。他在曼徹斯
特大學學習工程時，突然被"什麼是數？"
這個問題難住了。他想，這是一個比工程中
通常發現的問題有趣得多的問題，但他後來
漸漸意識到，這也是一個特別難回答的問
題。

羅素的影響

★ 維特根斯坦便去劍橋，問當時最有名
的數學家羅素能否為他回答這個問題。羅
素讓維特根斯坦回去就這個題目寫點文
字。幾個月後，維特根斯坦帶着他的文章
又來了，羅素對他的文章非常滿意，攛掇
他當一名哲學家，因此維特根斯坦就離開
了曼徹斯特，到劍橋在羅素門下學習。

★ 羅素對維特根斯坦有着巨大影響，他
參與了弗雷格和羅素提出的語言哲學領域
所有疑難和問題的爭論。這個哲學流派關
注一個艱深、令人迷惑的問題："是什麼
使得語言有意義？"語言哲學家通常都花
費了許多時間想弄清楚箇中原因，比如，
"雞和炸薯條"這幾個詞為什麼會具有他
們所具有的意思。

"是什麼
使得語言有
意義？"

雞是家禽嗎，
抑或只是一點點不快？

放風箏

維特根斯坦的工程學
方向是航空學，其內
容包括在英格蘭北部
一個多風的山上放風
箏。

詞語和維特根斯坦

★ 年輕的維特根斯坦對於詞語為什麼會有意義提出了他自己的哲學解釋。他認為，人類語言有意義，乃是因為它就像圖像一

維特根斯坦，戰爭中的哲學家

樣反映了實體；也就是說，當且僅當準確地描述了事物的一種可能狀態時，一句話（哲學家喜歡稱之為一**個命題**）才有意義。這個觀點有時也叫**意義圖像理論**（the picture theory of meaning），維特根斯坦在其有生之年出版的惟一的一本書《邏輯哲學論》（Tractatus Logico-philosophicus，出版於1921年）中向世人提出了這個理論。

不幸的家族

維特根斯坦的父親是一名富有的維也納鋼鐵大王，因此他童年時期過著哈布斯堡王朝晚期上層階級家庭的豪富生活。然而，維特根斯坦家族是個不幸的家族。他的兩個哥哥自殺身亡，維特根斯坦自己整個一生中也都受著抑鬱和自殺情緒的困擾。

一本難懂的書

維特根斯坦的《邏輯哲學論》是第一次世界大戰期間在戰壕裡寫成的，當時維特根斯坦在奧地利的軍隊裡當志願兵。這是哲學史上最晦澀、最難懂的書之一。

另一種類型的原子

✱ 意義圖像理論聲稱，每個命題都包含一些功能如單一圖像的單一元素，每一個語言元素都對應世界上的一個單一元素，也就是"原子"。因此，維特根斯坦早期的形而上學有時也被稱為"邏輯原子論"，因為它認為，世界一定是由單一的基本"原子"構成的，語言同樣也是這樣。

無意義的語言

✱ 維特根斯坦之後的大多數哲學家都發現這個理論根本不能讓人信服。首先，他們會問："這些神秘的原子到底是什麼？"它們很顯然與物理學家所說的原子不是一回事兒，因為我們的大多數普通"命題"指的是一些日常事物，譬如椅子。如果"這是一把椅子"這句話發揮的作用就像一幅圖像，那我們把什麼當作它的最單一的元素呢——也許是幾抹顏色嗎，就像在一幅印象主義的繪畫裡一樣？

✱ 更糟糕的是——這一點維特根斯坦也承認——根據他的理論，我們說的大部分話，完全是沒有意義的，因為它沒有描繪任何東西。不僅倫理和宗教語言是這樣，哲學語言也是如此。

這是一把椅子

教書不成

在寫完他的書後，維特根斯坦認為他已經解決了所有的哲學問題，便轉行在瑞士當了一名小學教師。然而，事情並不順利，學生的家長抱怨他對孩子們態度粗暴，最後指控他殘忍。維特根斯坦便放棄了教職，跑回了劍橋。

維特根斯坦是一名平庸的教師，後來被指控對待學生殘忍

哲學梯子

維特根斯坦承認，他自己的哲學從字面上講是無意義的。在《邏輯哲學論》的末尾，他說，他的哲學更像有用的廢話，是一把梯子，你一旦用它登到了高處，肯定會把它扔掉。在這個意義上，早期的維特根斯坦是主張神秘主義的新柏拉圖主義者。

修正主義

✱ 在一次和意大利經濟學家皮埃羅·斯拉法（Piero Saraffa）乘火車旅行時，維特根斯坦決意解釋這圖像理論。斯拉法作了一個粗魯的意大利姿勢作為回應，並問他這表達的是一種什麼樣的圖像。維特根斯坦無言以對。斯拉法向維特根斯坦證明，**語言是文化，而非完全是命題。**這時，維特根斯坦才相信，任何哲學都必須以一個前提為出發點，即人類的意義並非完全是語言與世界之間某種形而上學的對應，而是文化與社會的產物。

✱ 維特根斯坦開始重新思考其早期的哲學，慢慢地他意識到：他青年時期的哲學觀點，客氣一點說，是有些奇怪。

哲學就像一把梯子
用過了就扔掉

關鍵詞

邏輯原子論（Logical Atomism）：
一種語言理論，認為世界是由我們用言語加以描述的，是由單一的基本原子構成的。

語言遊戲

✱ 維特根斯坦新提出的哲學認為，語言的基本元素更像遊戲，而不像圖像。這時他逐漸意識到，對大多數普通人來說，語言是社會互動的一種工具：不同種類的言語，在普通社會生活有趣的盛衰消長中發揮着不同的作用。成熟的維特根斯坦藉以提出了語言由諸多的語言遊戲構成的觀點。因此，任何一個言語的意義，便是在它被使用的特定的語言遊戲中發揮的作用。

使用言語

"時間"一詞的意義，決定於在能夠使用它的許多不同的日常社會行為中。如果你能在合適的語境中正確地使用這個詞，你就知道了它的意義。因此，"time"一詞有很多不同的意義。例如，"Do you remember a time when?"（你記得是在什麼時候嗎？）這個問題中的"time"，就與"What time is it?"（現在是什麼時間？）這個問題中的"time"，意義是迥然不同的。

我們大家都可以玩的遊戲

✱ 維特根斯坦使用"語言遊戲"（language games）這個術語，是什麼意思呢？哎，根據維特根斯坦的觀點，人類生活是由許多不同類型的文化行為（cultural activiy）構成的，例如，計算、描述、辨別時間、準備星期五下班後晚上出門，等等。

✱ 在維特根斯坦看來，一個言語的意義，便是它在一個特定的社會行為中發揮的作用。因此，世上沒有言語的意義這樣的事物。**意義依賴使用，言語往往有不同的用法。**所以，很顯然，問"時間是什麼？"這樣一個問題的人，便是在問他們自己一個很令人迷惑的問題，他們沒有認識到人類語言是如何發揮作用的。

有病的哲學家

✻ 維特根斯坦假定，一些人認為在普通言語所有不同意義的背後，一定存在着一個共通的基本的意義。維特根斯坦認為，這是一個根本錯誤的看待事物的方式，這個錯誤通常是哲學家造成的。

大多數人只是把語言用作社會互動的一種工具

維特根斯坦認為哲學家都有病

✻ 晚年的維特根斯坦認為，哲學問題並非肇起於好奇，而是源於語言的意義引發的對才智的沉迷。哲學家忘記了言語有多種多樣的意義，於是便為特定的概念尋找形而上學的本質，就像亞里士多德一樣。這種傾向，維特根斯坦認為，有一點像疾病，哲學家想正確地認識世界，就一定得治癒這疾病。晚期的維特根斯坦認為哲學家都有病，除了日常生活"瑣事"外，世上再沒有了其他東西，這些觀點使得他有點像庸人。

古怪的哲學家

維特根斯坦是最著名，也最古怪的哲學家之一。他家財萬貫，但都散予他人，長期住在挪威的一所小屋子裡，人們經常看見他坐在電影院前排吃餡餅。

日常生活中的"瑣事"

不明確的陳述

★ 羅素和早年的維特根斯坦都聲稱，如果你不能揭示陳述（或曰命題，這些哲學家都這樣名之）內在的邏輯結構，這個陳述便沒有任何意義。

薩特

卡夫卡

無意義的言語

★ 這些早期的分析哲學家（之所以這樣稱呼，乃是因為他們相信，哲學問題可以簡化為對語言的邏輯分析）認為，即便我們的大部分語言顯得有意義，但加以邏輯分析時，這些言語便更像無意義的姿勢。例如，**情感主義者**就認為，一些詞，如"好"和"壞"，根本不指稱任何事物，只是其功能更像一些表達情感的詞"呼哇"和"呸"。

哲學家的庇護所

✱ 由於這些新的哲學日益侵蝕浪漫主義哲學的疆土，那些具有浪漫主義氣質的人便逃離哲學，試圖在藝術中尋求庇護。在20世紀上半葉，出現了具有顯著的哲學特徵的藝術形式，特別是**哲理小說**（philosophical novel）。這種類型的小說，關注現代生存在深層道德上模糊不清的本質，以及現在深感孤獨和無力的個人在日復一日地與他人打交道的過程中面臨的艱難困苦。

卡夫卡的 X檔案

✱ 在其著名小說《審判》（The Trial）中，弗朗茲·卡夫卡（Franz Kafka）講了約

約瑟夫·K被捕了

瑟夫·K（Josef K.）的故事。一天早晨，約瑟夫莫名其妙地被捕了，並被告知有人指控他犯了罪。為了證明自己清白，他不得不先弄清楚自己被指控犯了什麼罪，這就意味着要與患有偏執狂的現代官僚主義法律制度打交道。卡夫卡小說就是這樣描寫現代陰暗抑鬱的一面：個人如何受到現代官僚政治的恫嚇，並被迫感覺到僅僅因為活着就犯了罪。

自由與犯罪

在薩特最著名的哲理小説《噁心》（Nausea, 1938）中，他塑造的反英雄人物羅昆廷（Roquentin）一直想知道，沒有上帝之存在，生活如何才能有意義。他得出的結論是，沒有上帝的生活的真正意味在於，我們都有責任利用我們無宗教信仰的自由使得生活有意義。但是，由於我們自己的自由選擇不可避免地會損害他人，這意味着自由選擇總是帶有犯罪和悔恨的感覺。

現代悲觀主義

★ 自由與道德之間的這種張力，構成了薩特早期多數作品的基礎，這意味着他，還有卡夫卡，可以被認作是對宗教意義上的罪過問題和在新的現代背景下贖罪的可能性，提出了看法。

這都是原子

這就是規則，對現在有利

社會地獄

★ 薩特和卡夫卡，在本質上都對現代世界將個人從不明所以的（在一個**否定人的自由和責任的真實性**的科學時代）過多的罪感中救贖出來的能力持悲觀主義觀點。在**薩特**看來，現代世界是一種社會地獄，人們莫名其妙地彼此傷害，大部分時間都彼此誤解。

相信有用的東西

實用主義觀點影響了美國當代哲學家維拉德·范·沃曼·奎因（Willard van Orman Quine, 1908-）。他認為，如果我們發現一個東西有用，就會放棄相信 "1+1=2" 之類受人珍視的真理。因此，所有的真理都是可以修改的，和鑽石不一樣，沒有知識是永恆的。

這是一把椅子嗎？

反哲學哲學

* 哲學退歸藝術，以及激進的政治活動，使庸人得以提出了他們自己的"一些哲學"。事實上，20世紀見證了五花八門的思想大爆炸，這些思想有些是自相矛盾的，它們試圖為庸人反哲學的觀點提供"哲學的"論證。

美國的實用主義

* 這些新的哲學中，重要的是美國實用主義者的觀點，如查爾斯·皮爾斯（Charles Pierce, 1839-1914）、威廉·詹姆斯（William James, 1842-1910）和約翰·杜威（John Dewey, 1859-1952）等人的觀點。他們認為，就實體的真正本質以及人們能否認識它，所作的所有晦澀難懂的哲學論證，在本質上都是毫無意義的，並且認為，如果你長時間地思考實體的本質，便有可能使你"瘋瘋癲癲"。

* 他們的解釋，意在根據**實用性**，而不是如以往哲學家理解的那樣根據與世界的**一致性**，來重構我們關於真理的觀點。因此，在實用主義者看來，一個陳述，比如說"**這把椅子是由原子構成的**"，是正確的，並非因為這把椅子事實上就是原子構成的，而是因為它有助於我們以這種特定的方式認識這把椅子。

多麼有趣的對話

相對真理

當代實用主義者理查德·羅蒂（Richard Rorty, 1931-），和他的庸人前輩普羅泰戈拉（見第57頁）一樣，認為所有的真理都是相對的，文化是萬物的尺度。然而，在羅蒂看來，美國文化才是衡量所有其他事物的標準。根據羅蒂的觀點，世上沒有哲學真理之類的事物，只有或多或少有趣的"對話"（conversations）。永恆的最有趣的對話，便是可尊敬的白種"西方人"自己進行的有教養的對話，羅蒂稱之為"中產階級自由主義"。

威廉·詹姆斯

★ 威廉·詹姆斯（William James）作為心理學家和哲學家都很知名，在他的第一本書《心理學原理》（The Principle of Psychology）中，他提出了心靈由獨立的意識流構成的觀點，這個觀點後來被小說家詹姆斯·喬伊斯（James Joyce）和佛吉尼亞·伍爾夫（Virginia Woolf）推廣。他認為，奔過人類心靈的思想之流，有點像赫拉克利特的河流，因為實際上沒有人能兩次產生同一個想法。在詹姆斯看來，每一個想法都是獨一無二的，只有通過內省才能接近它。

威廉·詹姆斯

關鍵詞

徹底經驗主義（Radical Empiricism）：
一種形而上學觀點，近似唯我論，認為宇宙是由"純粹經驗"構成的。

兌現價值（Cash Value）：
認為一個觀點的重要性在於其"可銷售性（Marketability）"。

泛心論（Panpsychism）：
一種神秘主義觀點，認為精神和物質之間沒有區別，物質本身也有意識。

新的形而上學

★ 詹姆斯利用這個觀點構築了一種新的形而上學的基礎，這便是一直流傳最廣的美國型形而上學——徹底經驗主義。根據這種觀點，宇宙的基本要素不是精神，也不是物質，而是介於兩者之間的東西，他稱之為純粹經驗（pure experience）。由於詹姆斯，這種觀點發生了一種明顯屬宗教性的轉變，因為他似乎主張，整個宇宙在某種意義上是有意識的，這一看法後來被稱為泛心論。在泛心論者看來，即便分子和馬耳斯條形巧克力在某種程度上也是有意識的，儘管比人類的要少一點。

如果你能把它賣出去，
那它就是一個好觀點

意義和金錢

✱ 詹姆斯由於為實用主義進行哲學論證而聲譽鵲起。在他看來，任何一個觀點的意義或者重要性，乃是他稱之為**兌現價值**的東西。他為何將意義與金錢等同起來呢？有憤世疾俗者稱，這是因為他就聽他的演講開出了過高的價格，就像早先的智者一樣。

✱ 詹姆斯還提出了一個觀點，認為任何陳述的真實性要在其效用或實用中發現。**根據他的觀點，如果我們發現一個觀點——比如說殺人是錯誤的——不再有用了，我們就應該放棄相信這個觀點的真實性**。相反，如果一個觀點"還沒有破產"，就"不要試圖幹掉它"。一些人會說，他的觀點，為現代政客什麼有用就說什麼的做法，提供了哲學辯護。

早年歲月

威廉·詹姆斯（1842-1910）生於紐約。他的父親老亨利·詹姆斯（Henry James Sr.）是一個宗教神秘主義者，威廉和兄弟小亨利（Henry Jr., 後來成了一位著名的小說家）是在一種濃重的哲學環境中長大的。

說說它的合理性

然而，詹姆斯的實用主義倒也確實有些積極的影響。詹姆斯寫作的時候，正當德國唯心主義（尤其是黑格爾派哲學）的極端繁瑣大行其道之時。這些哲學觀點大約離普通人的日常瑣事甚為遙遠，一如冥王星之離匹茲堡。詹姆斯對於德國唯心主義者的反應是"該死的絕對！"詹姆斯想開創一種更加現實的哲學，但他卻任由世俗的動機侵蝕自己毫無疑義的哲學才能。

後現代主義者

★ 理查德·羅蒂（Richard Rorty）也參加了另一場由庸人領導的哲學運動，即後現代主義。這個運動的根基，乃是20世紀70年代早期一些激進建築師的觀點，他們反對大多數現代建築苛求理性、抽象和機械的特徵。後現代主義者反對勒·科布舍（Le Corbusier）等現代主義建築師，科布舍主張，在技術專家政治論者幻想建立更加"理性"和有組織的生活方式時，建築應該幫助和支持他們。

它很完美，鮑勃，
這是我夢中的現代之家

人們的聲音

★ 後現代主義者聲稱，建築不應該是"內行"建築師和設計師把他們理性的設計強加給毫無疑心的大眾，而應該在設計中涵括那些實際上要在這些建築中棲身的人們的需要和慾望。因此，後現代建築師試圖在他們的設計中對當地的文化和傳統表現出敏感性，他們褒揚具備大眾真實性的日常世界，而不是科學和技術執拗的理性。

屑小之見也關係重大

★ 然而，在建築設計中要包括普通人屑小之見這樣一個很好的觀點，到了所謂的後現代哲學家如吉恩・弗朗高斯・利奧塔（Jean-Francois Lyotard, 1924-）之流的手裡，卻變成了一個愚陋的主張：認為真正緊要的觀點都是一些屑小之見。利奧塔對整個哲學傳統都持反對意見，認為哲學應該遵從建構大故事以描述世界本來面目的需要。

★ 這些大故事（或者如他所說，曰元敘事，metanarratives），就像那些以理性、進步、上帝、藝術等等為中心的故事一樣，試圖給所有的人提供一個哲學答案，不管他們的文化和歷史是什麼。利奧塔認為，這一點是不可能的（除非求助於某種概念"暴力"），因為世界其實是一個所有的事物和所有的人都各不相同的世界。

棄絕大故事

★ 因此，利奧塔反對在提出一些大問題時便假定世上有普遍關注。他駁斥這種觀點，聲稱強迫每個人接受就這些大問題作出的帶普遍性的回答，便無異於極權主義。

禮拜茶會：完善的哲學

小就是美

利奧塔反對大問題和大故事，認為生活應該關注小問題和小故事（petits recits）。因此，在最後，利奧塔主張生活的意義乃是在閒言碎語中發現的，理想的人類組織形式便是禮拜茶會。

德里達解構哲學

★ 另一名後現代主義者，乃是神秘的法國哲學家雅克·德里達（Jacques Derrida, 1930-）。他也反對整個哲學傳統，抱怨該傳統受到他所謂的邏各斯中心論的妨害。

創造性的解構

雅克·魯濱遜

德里達似乎是一名魯濱遜似的哲學人物，被孤身困在"迷陣"島上，等待"哲學思辨號"貨輪來搭救他。在最近的著作中，他聲稱，我們關於公正的大多數基本思想不能被解構，因此，他新發現的道德確定性也許會給他提供一隻木筏，讓他離開孤島。

邏各斯中心論

★ 他使用這個術語，意指哲學往往假定宇宙和人類歷史都有某種普遍的終極目的和方向，並且這個目的通過沉靜的哲學思辨便能弄清楚。他認為，我們需要解構這些觀點，證明表述宇宙和人類歷史之起源、和目的的任何努力，揭示多少真理，也會掩蓋多少真理。

★ 例如，馬克思認為，人類歷史的最終目的是共產主義，這一觀點便對婦女在這個社會中的作用，以及種族問題和性問題如何自行解決，未置一言。因此，德里達的哲學，便是試圖解讀這些哲學雄文，目的不是為了發現裡面有什麼，而是為了弄清楚裡面沒有說到什麼，這樣將哲學思想從"男權主義"（以男性為中心的思想）和"歐洲中心論"（以歐洲為中心的思想）的恐怖中解放出來。

★ 這裡有很多應該稱道的地方，德里達也確實提出了一些重要問題。然而，直到最近，他還沒有作出自己的積極的哲學貢獻。他似乎滿足於瓦解哲學傳統，而對也許會替代它的思維方式不置一詞。因此，儘管德里達有哲學家的氣質，似乎準備提出所有哲學問題中最艱難和最基本的問題——"**什麼是哲學？**"，但他似乎從未發現一條途徑以走出他自己的**迷陣**（aporias，參見第58頁）。

哲學的退化

★ 因此，20世紀哲學的歷史，便是哲學**消失**的歷史，哲學問題日益發現自己被轉變為科學問題和實際問題。比如，在技術專家的手中，"**什麼是時間？**"這個問題，成了一個高級物理學的問題。在庸人的手中，它則變成了一個實際問題，"**我得到過多少時間？**"在這樣的文化氛圍下，也許該問哲學如何才能生存。

什麼是
時間？

滴嗒

滴嗒

哲學過時了嗎？

由於很多哲學家認為，哲學思辨是一種本質上毫無意義的活動，哲學家都不再鄭重其事便不足為奇了。大多數人都同意，真正的哲學思辨現在只見諸藝術和詩歌了。

海德格爾的存在

✻ 在擯棄哲學的潮流中，也有一些例外。20世紀最重要的哲學家（在這個詞最確實的意義上）之一便是馬丁·海德格爾（Martin Heidegger, 1889-1976）。

這不是人造的吧？

真的？　不是真的？

為什麼自然生長的番茄要比高科技培養的品種顯得真實一些？

關鍵詞

存在（Being）：
潛存在所有事物中的真正的"是"（isness）。

緣在（Dasein）：
人的"是"（isness）所具有的奇特的本質，使人們能夠在空間（此地）和時間（此時）中存在。

真實的狀態（Authenticity）：
真正的"是"所顯示的現象；對人們來說，這意味着承認我們緣在——即死亡——的實體性。

真實的事物

✻ 海德格爾抱怨，隨着現代技術文明的興起，人們犯了一個致命的錯誤，將科技創造的人工世界誤作真實的事物了。根據海德格爾的觀點，人們已經忘記了存在。儘管準確地詳細說明海德格爾借此意欲何指，極端困難，但如果我們打一個比方，也許會明白他的意思。

✻ 為什麼人們喜歡自然生長的、施了有機肥料的食物，而不喜歡接受輻照、利用基因工程培育的食物？呃，假定它們是同樣安全的，一些人還是覺得自然生長的番茄從某種角度看要比依靠技術培育的品種更加真實一些。為什麼呢？這很難說。它們看起來，嚐起來也許一樣，但人們還是認為，前者就是比後者真實（authentic）一些。在某種意義上，這抓住了海德格爾用存在一詞所要表達的意思。

兩種類型

✱ 存在，在海德格爾看來，就是人類接觸的真實的事物，而不是人們忘記了的不真實的事物。不真實的類型（der Mann），海德格爾認為，會很高興追隨現代生活的"潮流"，而不會真正關注任何關於其存在的本質和目的的深刻一些的問題。

死亡與存在

✱ 在海德格爾看來，真實的狀態，源自對我們限度（finitude）的意識，死亡意識會導致人們思考關於存在的目的的大問題。正是通過死亡意識，我們漸漸意識到我們自己緣在（dasein）的實體性，意識到通過我們自己真正切己的行為，存在揭示了它自身。

✱ 對某些人來說，這種真實存在的意識（authentic existential awareness），只在接近生命結束時才會出現，這往往是太晚了。因此，海德格爾的哲學再現了早期前蘇格拉底哲學家的某種創造精神，他試圖恢復他們對於存在的本質和目的的某些原初的好奇心。

海德格爾説，死亡是生活的關鍵

法蘭克福學派

★ 海德格爾影響了另外兩名哲學家，他們對哲學思想在未來的發展也有着深刻的影響。赫伯特·馬爾庫塞（Herbert Marcuse, 1898-1979）是法蘭克福學派的成員，他試圖將海德格爾的思想和弗洛伊德的思想結合起來，意欲將弗洛伊德的思想從技術專家政治論的理性主義桎梏中解放出來。

解放
弗洛伊德的思想

關鍵詞

批判理論（Critical theories）：
主張世界可以比現在好得多的哲學。

消極思維（Negative thinking）：
一種思維方式，認為人們決不會真正知道自己想要什麼，但能夠知道自己不想要什麼。

生活在牢籠中

★ 法蘭克福學派指一群猶太知識分子，他們從納粹統治下逃到美國尋求好一些的生活。他們贊同社會學家馬克斯·韋伯（Max Weber）的觀點，認為現代世界是一個官僚政治的"鐵籠"。

★ 在其著作《愛慾與文明》（Eros and Civilisation, 1955）中，馬爾庫塞認同海德格爾的觀點，認為技術專家政治論的現代社會是一個關於非存在（non-Being）的有組織的系統。在馬爾庫塞看來，根據精神分析學說，這可以被理解為對**無意識死亡衝動**的表達。因此，馬爾庫塞認為，現代社會是受一種無意識的需要驅動的，代表控制着社會、將所有事物歸復到虛無

（nothingness）狀態的那些人的利益，他們所說的理智和理性，不過是控制生命中的愛欲力量的一種偽裝的方式。

強調消極面

✻ 馬爾庫塞的思想導致一些人完全對抗社會。現在人們廣泛認為，逃避社會，未清醒地意識到社會發生的變化，實在是一種很糟糕的觀念。這證明，如果像馬爾庫塞哲學之類的**批判**哲學不受一種強大的倫理意識的導引，它們就極有可能淪落為一種純粹的消極哲學，認為技術專家政治論的現代社會一無所有。他的朋友、法蘭克福學派的同道**西奧多·阿多諾**（Theodor Adorno, 1903-1969）的命運就是這樣——後文要說到他。

被社會遺棄的角色

✻ **米歇爾·福柯**（Michel Foucault，參見第176-179頁）將這些觀點納入實際政治活動領域。他認為，人們應該抵制主張技術專家政治論的現代形式的權力，這種權力把懲戒和控制它的臣民當作其關注的中心。人們應該讓那些被排斥在技術專家政治論的現代理性秩序之外的人——瘋子、罪犯和性變態者說出他們自己想說的話。因此，福柯的哲學代表對那些生活在現代性邊緣的人的頌揚。

參見第176-179頁

嬉皮士文化

馬爾庫塞的思想，影響了20世紀60年代的那些激進分子，他們反對越南戰爭，信奉"自由性愛"，倡議每個人都"逃避"主流社會。

自由性愛

吸毒·聽音樂·
逃避社會。

醜聞惡行

由於福柯，哲學蛻化成自我毀滅的狂歡。哲學並不接受技術專家政治論下的現代生活方式，卻頌揚縱情淫佚：性交、吸毒和搖滾成了真實的倫理，替代了技術專家政治論者信奉的倫理。

171

對未來
沒有積極
的想像

阿多諾的噩夢

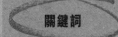

關鍵詞

權威人格
（**Authoritarian
personalities**）：
專橫、熱衷權力的"施
虐—受虐狂"，熱愛自
己的上司，對"下面的
人"卻橫加斥責。
文化工業（**Cultural
industries**）：
一類現代工業，諸如娛
樂、時裝，致力於出售
文化賺取利潤。

西奧多‧阿多諾

★ 理解阿多諾哲學的關鍵，乃是其明顯
的"猶太人氣質"（Jewishness）。和其
他許多激進的猶太知識分子一樣，阿多
諾為馬克思主義哲學所吸引，便和他的
朋友馬克斯‧霍爾海默（Max
Horkheimer）一起，在1923年創建了
社會研究的法蘭克福學派。這個學派試
圖將馬克思主義哲學和弗洛伊德的心理
學融合起來，形成一種社會批判理論。

哪兒出了毛病？

★ 法蘭克福學派的理論，試圖揭示現代
社會核心固有的社會矛盾。他們尤其想解
釋現代社會所作的承諾（例如生活、自由
和幸福）和它實際給予的東西（完全令人
不快的一些東西）之間的矛盾。和德國許
多左翼知識分子一樣，阿多諾殷切地期
望，在20世紀30年代德國的經濟危機中能
誕生一個更加自由和公正的社會。然而，
納粹思想的增長，既讓他震驚，也讓他恐
懼。政治罪惡怎麼能夠在現代發生呢？
★ 在阿多諾看來，對法西斯主義之崛起
惟一的解釋便是，生活在現代社會的大多
數人，在心理上受到權力巨大的領導人和
制度的損害、操縱。根據阿多諾的觀點，

法西斯主義根源於他稱之為**權威人格**的東西。具有這樣人格的人，由於童年乖塞壓抑，因此便崇敬無所不能的人，嫌憎弱者和"變態的人"。這些病態的憎惡之情，極容易被雄辯的演說家如希特勒之流操縱，指向特殊的少數社會群體，如同性戀者、吉卜賽人和猶太人。

文化問題

* **阿多諾認為，現代世界的基本問題是文化問題。現代生活方式根本不同於以往的**

文化。傳統文化讓人們感受到價值，知道他們"在世界中的位置"，而現代文化現在在很大程度上就是逃避無休止的激烈競爭。因此，阿多諾認為，現代時期的文化不再為人們的生活提供意義和目的。

受過很好教育的童年

阿多諾原名西奧多·維森格蘭德（Theodor Wisengrund），1903年生於德國法蘭克福。他的父親是一名富有的猶太酒商，據說，他幼年時期便天資聰穎。其成長時期便閱讀康德的著作並為那些景慕他的家族聽眾演奏很難的貝多芬奏鳴曲。

阿多諾在成長中
受過很好的教育

文化習慣

∗ 阿多諾驚駭於戰後西方人的文化生活。他認為,坐在家裡看電視,聽貓王的歌曲,是對文化的嘲弄。現代人聽任自己受到現代官僚主義政府以及他稱之為文化產業的東西——流行音樂、新聞媒體和廣告的"操縱"。事實上,他認為,在操縱的效果上,這些東西比納粹的宣傳好不到哪裡去。

關鍵詞

否定的辯證法
(Negative
Dialectics):
阿多諾稱呼"非思維"方式的術語,是奧斯維辛集中營帶給哲學的一種思維方式。

陰魂不散的西方文化

通俗文化與高雅文化

∗ 阿多諾認為什麼樣的行為還有文化上的意義呢?呃,阿多諾認為,只有高雅文化,尤其是德國哲學和古典音樂,在日益雌伏於權力巨大的技術專家政治論制度之下的世界裡還有一些價值。結果,阿多諾往往被認作一名精英主義哲學家——一個"自以為懂得"文化的人,把日常世界"不看在眼裡"。有諷刺意味的是,這使得他並不比他反對的技術專家政治論者要來得高明。

大屠殺之後

∗ 然而,阿多諾的思想還有其他根源。第二次世界大戰後,他從美國——在那裡他幫助建立了紐約社會研究新學院(the New School for Social Research in New

York）——回到德國故土。在德國，
他開始思考大屠殺的本質和含義。
阿多諾認為，大屠殺表明了技術
專家政治論的制度對於無助的
人類擁有絕對的權力，他對人
類的未來越來越悲觀。"奧斯
維辛集中營之後沒有詩意"
（No poetry after Auschwitz），是
這個時期他最著名的格言之一，
他的哲學也更加顯著地受到猶太
教的影響。

"奧斯維辛集中
營之後沒有詩意"

現代性的恐懼

★ 在阿多諾看來，奧斯維辛集中營之後的
現代世界是一個極端野蠻的世界，完全不
能被理解。只能被否定。因此，阿多諾晚
期的哲學是與巴門尼德的哲學針鋒相對
的。在奧斯維辛集中營之後，"它是"（it
is）的思維方式被擯棄了，惟一可能的思
維方式是"它不是"（it is not）的方式，也
就是我們知道的非思維（non-thinking）方
式，或者用他的術語，稱之為**否定的辯證
法**（Negative dialectics）。根據現在的情
形，不可能建立對未來正面的想像，因
此，批判理論經常被冠以"**憂思科學**"
（the melancholy science）之名。阿多諾
最後便等待着彌賽亞把我們從現代性的恐
懼中解放出來，在這個意義上，批判理論
最終淪落為了猶太教。

一名有影響的哲學家

阿多諾對後來哲學家的
影響一直是巨大的。儘
管，現代經驗主義者聲
稱，他的哲學只不過是
一些用虛誇的語言裝點
起來的常識，但他的思
想還是受到近來一些後
現代哲學家的稱揚，他
們發現，阿多諾對現代
性的批評既猛烈，又有
感染力。也許我們離阿
多諾還是太近，無法明
確其哲學的真正價值。
他死於1967年。

暴虐的理性

通過詳盡的歷史分析，福柯試圖證明，現代世界儘管表面上要比中世紀文明，但是建立在一種新的、更廣泛的暴行上——壓迫那些未能順從新的理性權威的人。福柯認為，現代世界排斥婦女、藝術家、"瘋子"、"罪犯"，事實上還排斥完全不"順應"新的理性的現世秩序的其他任何人。

激進主義

福柯一生在政治上都很活躍，他和其他許多法國知識分子一道，參加了20世紀60年代的左翼政治運動。緊跟著1968年5月巴黎學生騷亂之後的一些運動都相繼失敗了，福柯便對正統的馬克思主義哲學不再抱有幻想。

米歇爾·福柯

★ 米歇爾·福柯（Michel Foucault）1928年生於法國。他的思想代表了對於技術專家政治論下的現代社會秩序所作的徹底批判，他的哲學，可以認為與卡爾·馬克思的相似，也試圖指明一種更加公正和人道的現代社會。

我們是新的社會群體

福柯認為，現代社會排斥婦女

權力的本質

★ 儘管近代哲學家都聲稱，他們的理性主義哲學能使人類從其非理性的過去解放出來，福柯還是認為，現代世界事實上是一個巨大的限制（great confinement），其間理性實際上把個人拘囿在一個新的、更加陰險的權力結構中，而不是將個人解放出來。

★ 支撐福柯歷史學（他又稱之為考古學）的主要哲學問題是："什麼是權力？"以及"權力在現代社會如何運作？"這使得

福柯成了一名政治哲學家，儘管他的許多思想提出了一些重要的**倫理**問題。

官僚主義權力

✱ 在福柯的早期著作中，他認為**權力是監視的產物。權力，在福柯看來，是使得不可見的東西變得看得見的能力**，現代形式的權力還是依據這條原則運作。現代官僚主義體制必須對特定的"**邊緣**"社會群體進行分類、權衡、診斷和評價，以保證社會以一種有組織的方式運轉。

醫療控制

✱ 在《瘋癲與文明》（Madness and Civilization, 1965）和《診所的誕生》（The Birth of the Clinic）中，**福柯試圖證明醫學的出現與科學真理並沒有聯繫。**他聲稱，醫學事實上是對瘋子和常規性變態者的控制和拘圍，現代"**文明**"就是建立在對個人的這種控制上。

✱ 在《規訓與懲戒》（Discipline and Punish, 1977）中，福柯對這個基本主題作了深入的闡釋，試圖證明現代形式的懲戒，譬如監獄，是如何被用作現代權力的一種補充形式的。

關鍵詞

權力（Power）：
對他人分門別類然後加以控制的能力；這種力量屬於**監視者**，他強迫別人以他的方式來看待世界。

所有的人都看着我

現代權力，在福柯看來，其運轉就像**邊沁設計的全景監獄**（參見第119頁）的獄卒在監視，因為所有的人都屈從於它，但沒有人意識到它。福柯認為，權力無所不在，而我們看不見它。這導致一些批評家認為，他非常偏執。

分類、權衡、診斷和評價

強迫一致

★ 福柯描繪了一幅抑鬱的現代生活場景。在他看來，現代性就像一座沒有柵欄的監獄。柵欄存在於我們的腦海中，我們在生活中經歷的各種現代制度，尤其是家庭、學校和工作場所，把它們安置在這裡。

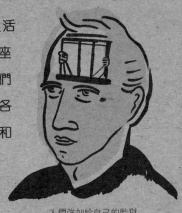

人們強加給自己的監獄

自由精神被敲打成型

抗拒權力

★ 崇尚技術專家政治論的現代社會，在福柯看來，並非如它的辯護人所說的那樣建立在更大的個人自由上，它其實是一個規訓多多的社會，它甚至向那些接納違反規範觀念的人灌輸罪惡感、羞恥感以及普遍的"變態"意識，藉以施加其控制性的影響。那些堅持這樣的觀念的人，被排除出社會，以便他們能被適當地"改造"，並從他們的"疾病"中"完全恢復過來"。

★ 有時，福柯似乎認為我們對此無能為力，因此有些評論家認為，深層地講，他的哲學是非常犬儒主義的（cynical）。然而，他也激勵人們不要聽任失去希望，生活在崇尚技術專家政治論的現代。

制度之下的那些人，必須意識到他們要比自己感覺到的自由許多。在晚期的著作中，福柯竭力主張人們抗拒現代形式的權力，拒絕屈從於現代制度強加給人們的診斷檢測。他準備提出一個問題："在現代世界，個人自由如何才能成為可能？"這一事實使得他既是一名道德哲學家，也是一名政治哲學家。

拒絕屈從於診斷檢測

抗拒技術專家政治論

★ **福柯的哲學並非完全是學究式的。**他試圖抗拒現代技術專家政治論的規訓權力，過上尋歡作樂的花花公子的生活。近來的一些思想家認為，由於福柯試圖通過將他的生活變成一種藝術品以抗拒現代世界，他的哲學實際上便是在崇揚藝術的價值。**因此，他就不應該被視為稱頌自由和公正價值的當代"馬克思"。**

★ **福柯也實在試圖身體力行他的哲學，這使得他成了現代世界真正的哲學家之一。**然而，福柯自我毀滅生活的道德教訓，乃是任何企圖將藝術價值轉變為現實生活的人，都將因為過度尋歡作樂而淪入不幸的結局。

一名實戰的哲學家

福柯參加了為罪犯和兒童爭取權利的運動，在同性戀政治活動中也是一個關鍵人物。然而，由於福柯，也由於當代法國的許多知識分子，時尚在何處結束，真正的生活又在何處開始，便難以弄清楚了。

抗拒現代技術專家
政治論的權力

第十章

這就是精彩的生活？

✱ 呃，你是怎麼看待這個故事的？一些哲學家也許會認為，這裡講的故事，只不過是將不應該也不能通俗化的思想加以通俗化的一次粗陋的努力。他們也許會抱怨，作者是一個平庸的哲學家，沒有對哲學思想神聖的規則予以足夠的尊重。

無意義的遊戲

哲學，就像在主流大學裡傳授的那樣，沒有就學生生活中的問題跟他們談及任何觀點。在這些地方，哲學已經成了一種陳舊的、無意義的遊戲，有點像過於智力化的猜物遊戲，其目的是發現某些哲學論證中的邏輯謬誤。

我察看……

用我微弱的目力

學術界

✱ 然而，根據一些理由，持這種觀點的人，現在越來越被認作哲學界難對付的人。

✱ 他們是哲學界一些"自命不凡的人"，聲稱在哲學的世界裡，所有的事物都在"哲學世界的最佳狀態下""產生，因為它們本來就應該產生"。但這種觀點完全不能堅持很久。大學裡傳習的哲學，通常都變成了根據晦澀難解的"形式邏輯"方法進行訓練的一種東西。

✱ 如果哲學不能開始就人們普通的日常生活說些什麼，它就不配得到它索求的尊重。很多的德國哲學家，如阿多諾（Adorno），都主張哲學應該一直是少數精英人物的特權，不應該任其墮落為平庸和日常的存在。但有什麼是可怕的呢？這是否又是另一些貴族不合時宜地懼怕平民大眾？

聽我說就行了，不要問任何困難的問題

哲學的象牙塔

★ 大部分人認為，研習哲學的經歷——至少在英國和美國——是一種非常平凡的活動，更像手工操作一種"研磨機"，這一事實很顯然是當前哲學式微的一個重要因素。這種類型的"分析哲學"，聽任自己受到邏輯分析及其他哲學技巧的引誘，結果，**哲學本身疏離了其思辨活力的源泉。**

★ 哲學變得過於低眉順眼，毫無準備，以致提不出生活中富有挑戰性的大問題。它已經與日常世界失去了聯繫，因此被認為脫離了現實關懷，顯示了學術惡劣的過度超脫的態度。

哲學有意義嗎？

反觀哲學

★ 作為一種認識世界的方法,哲學在這個意義上正處於危機之中;如果這危機不立即被處理掉,人們也許會看見哲學的邊緣化,就像我們已經見過的神學和古代歷史之在文化上邊緣化一樣,方式都是相同的。這樣的結果,就是永遠關閉哲學已經打開的窗戶;這扇窗戶,可以讓我們以非技術和非常識的方式提出一些大問題。

老衛兵

這面鏡子需要重新鍍銀了

★ 那些哲學保守派的老衛兵,意欲繼續堅持從事哲學的傳統方式——也就是根置於柏拉圖和亞里士多德思想的關於哲學本質的觀點——從本質上講,即專制主義的觀點和"技術專家政治論"的觀點。他們似乎沒有意識到,當代哲學未能準確地把握大眾的想像,也許正是一個主要的意外因素,導致了與之相關的長期的文化衰落。

★ 只要生活中的大問題還掌握在這個世界上技術專家政治論者和庸人的手中,哲學似乎注定要因其自身強加的無意義而慢慢地消亡。

✳ 因此，那些熱愛哲學的人如果想得到對於哲學當前的疾病更準確的診斷和預後結果的話，就需要留心於**哲學實踐**，也就是其傳授、研究和通俗表述的方式。

我們準備給你看病了，哲學先生

哲學如何才能贏得朋友

我認為，哲學需要來一個大輪轉，重新回到其產生以前的根源。這樣說的意思是要重新思考和重新評價前蘇格拉底哲學家的思想。他們努力將異教文化的魅力和富於理性氣質的適度的好奇心結合起來。在他們看來，哲學是認識世界的一種精彩方式，哲學需要重新發現這種原初的好奇意識。

哲學現在面臨的問題

✳ 一些困難的問題是：哲學能恢復到以前的狀態嗎？讓哲學更加廣泛地普及會有助於它的恢復嗎？我們如何才能使哲學更加普及？一種更加大眾化的哲學還能保持其嚴肅的目的嗎？在一個日益臣服於平庸和技術專家政治論的兩尊偶像——**金錢和技術**的世界裡，這樣一種大眾化的哲學，如何才能為自己掙來一份前途？

返回到基本問題

這樣多
帶勁！

性別歧視的指控

★ 與其被指責為學究式地不切實際和毫無生氣一樣，哲學在另一個方面也使之壞了名聲：你也許清楚地發現，本書中提到的所有哲學家幾乎都是男的。

你認為
人類需要廢
棄哲學嗎？

玩玩遊戲
得了

第二性

存在主義者**西蒙·德·波伏娃**（Simone de Beauvoir）著名的觀點，認為女人一直被看作"第二性"。

理性的爭論

★ 是的，你也許會說，所有認識世界的方式一定都出了差錯，它們都沒有對佔人類一半多的**婦女**就日常生活中的基本問題提供的答案進行考慮——如果你這樣說了，你就是一個很會交際的人。

★ 這也許會在哲學家的心中產生一些令人憂慮的問題。**哲學在骨子裡是主張性別歧視的嗎？也許還主張種族歧視呢？哲學不會是那些已死的歐洲白種男人思辨出來的晦澀難懂的東西吧？**

★ 這意味着要廢棄哲學，重新構建其他的東西來替代它嗎？當代的許多女權主義者會贊同這個說法。然而，這些女權主義者中的大多數，都是指責哲學成了男性**理性主義**的溫床，這種思維方式，強調人們要與物體、他人甚至部分自我分離。**理性主義崇尚邏輯和數學，以為是思想最高級**

的形式，因此往往傾心技巧和證明，而不喜歡想像力和創造力。許多女權主義者聲稱，這種男權主義的理性主義，是增強男人的能力、**削弱女人的能力**的一種思維方式和說話方式（話語），因此它需要被徹底地質疑。

前蘇格拉底哲學家

★ 然而，把這種思想歸咎於前蘇格拉底哲學家，是錯誤的。他們的哲學是"**前理性的**"（prerational），受到具備語言能力以前的思辨求知意識的驅使。根據前柏拉圖哲學，**推理與想像之間不可能有清晰的區分**。大多數女權主義的哲學批評，事實上是針對技術專家政治論的思維方式，而非哲學的思維方式。

★ 在前蘇格拉底哲學家看來，哲學在本質上是一種創造性的活動，其與邏輯和分析的疏離，遠遠超出了任何人的想像。儘管傳統的哲學家認為前蘇格拉底哲學家像業餘的科學家，但近來的研究表明，他們更像雲遊的教師，意欲窺探宇宙神奇的秘密。

捍衛哲學

法國女權主義"哲學家"露絲·伊莉格萊（Luce Irigaray, 1932-）可以被認為在試圖建構一種更生機勃勃和"基本"的哲學，與前蘇格拉底哲學不一樣。

哲學是那些已死的歐洲白種男人思辨出來的晦澀難懂的東西

185

嬉戲的哲學家

★ 正如法國哲學家德勒茲（Gilles Deleuze, 1925-1995）所說的，哲學最大的用處便是製造概念，不是出於理論建構的目的，而是為了這些概念本身。因此，哲學在本質上是一種很好玩的活動，一種自由自在的思想遊戲。這種哲學觀，較技術專家政治論者和庸人目前所作的一些界定，顯然是一種改進。然而，我們也許能夠從德勒茲的主張中提煉出一個嚴肅的觀點。教人進行哲學思考，便是教他們創造概念的技巧——有趣並且有益的關於人類自己和世界的思維方式。

嬉戲的哲學家

關鍵詞

審美相對主義
（Aesthetic relativism）：
認為世上沒有真理，萬物都是感受到的事物。

構造論
（Constructivism）：
認為沒有真實的世界，世界是由人類個體和/或（and / or）社會的行為構造的。

解釋學
（Hermeneutics）：
闡釋不為人熟悉的事物（尤其是古代文本）的意義的方法。

精神上的作用

★ 如果哲學能夠教人們創造概念，那它就能教人們為自己重新創造一個世界，在這裡，人們就會認為自己和更加廣泛的世界有了新的、更加深刻的意義。這就是說，哲學為現代虛無主義和存在主義的絕望情緒提供了解答，這是一個非常尼采化的觀點，因為它在一個後宗教、後形而上學的時代，將賦予哲學一種"精神導師"的角色。

哲學能做現代的精神導師

我們的世界

★ 然而，尼采的思想本身就會導致走進審美相對主義的思想死胡同，這種哲學觀否認任何"共同世界"的實體性，稱揚藝術粗陋的價值，而不是倫理的價值。為避免哲學中這種簡單的構造論，我們需要借助海德格爾，斷言我們"已經一直"在他人和他物的"真實"世界中存在。不是人們提出關於世界的問題，而是世界提出**關於人們的問題**。人們需要以新的方式聆聽世界，聽清它提出的關於人們的一些基本問題。這種哲學"聆聽"的能力，形成了人們對自己生活其中的世界給予**關注**的部分基本意識。因此，哲學並非完全是創造概念的技巧，它應該幫助人們以新的、更加敏銳的方式聆聽自己和他人。

★ 對這一觀點的最佳闡述，也許就是德國哲學家漢斯·喬治·伽達默爾（Hans Georg Gadamer）的思想，他認為哲學應該是**解釋**（hermeneutic），哲學不應該講解方法，而應該教人們如何參與和他們周圍的世界進行對話。

開放的心靈

除非人們擁有前蘇格拉底哲學的精神，即擁有開放的心靈、敏銳的想像力和聆聽的意願，以之理解日常生活中的大問題，不然是解答不了這些大問題的。只要這些問題以這種方式提出來，它們就決不會顯得毫無意義和愚蠢。

哲學找到了答案

建築進行得
怎麼樣，吉姆？

提出問題

當代哲學需要以其自己獨特的提問方式重新獲得自信。只有這時，哲學家才能致力於探討人們在第二個千禧年之末面對的一些事情。

哲學·真理與好奇心之神

我們的想像

* 因此，這種哲學（我們稱之為倫理構造論）認為，人類存在對其核心感到迷惑不解。正是我們對世界的"開放"，使得我們既能在世界上自由創造，同時又能為我們的創造物負責。

創造性的空間

* 這種開放，是自由想像的活動空間，其中人們可以按照自己的意願向自己表述世界。同時，也正是在這個空間中，世界間我們：我們的構造是為了什麼，我們為什麼選擇了以我們擁有的方式表述世界。

* 因此，哲學思想真正的生命，來自一種開放的狀態，這是人類存在的"靜止的中心"，自由與責任、理性與想像、自我與他人在這裡相遇。這個結合點是人類意義（humanly significant）的來源。因此，人們可以就哲學的意義得出一個比蘇格拉底所說更有力的觀點，即未經審視的生活不僅不值得過，甚至就不是生活。它是一種非生活的方式：一種存在的僵化，只有哲學才能治癒。

這就是精彩的生活？

化石

哲學可以阻止
我們的生活僵化

為木乃伊鬆綁

尼采認為，學究式的哲學家將哲學變成了"木乃伊"，因此他們更像埃及學家，而不是誠實的真理追求者。我希望本書已經表明，如果我們為木乃伊鬆綁，古老的哲學珍寶仍在裡面閃耀。

我們為什麼選擇以我們擁有的方式表述這個世界呢？

基本的哲學

★ 巴門尼德説，只有哲學才能引領我們真正認識存在。對那些與庸人心有感感的人來説，這也許似乎是胡説。但沒有好奇心，世界只能消極地顯現；沒有一些關於真理的觀點，人們所有的思想就只是些沒有任何意義的胡言亂語。如果哲學女神是這兩個觀點的守衛者，那她就會保證我們所持的這兩個最寶貴的觀點是可靠的。

這是一種
精彩的
生活

*A

a priori 先驗 108, 117, 124, 125, 127
Adorno, Theodor 阿多諾，西奧多 171, 172-5, 180
aesthetic relativsim 審美相對主義 186, 187
Alexander the Great 亞歷山大大帝 71, 78
Algazel 加扎利 87
Anaxagoras 阿那克薩戈拉 49
Anaximander 阿那克西曼德 36
Anaximines 阿那克西美尼 36
appearance 現象 44-5, 66, 67, 126
Aquinas, Thomas 阿奎那，托馬斯 88, 90-3
Aristophanes 阿里斯托芬 65
Aristotelianism 亞里士多德主義 86, 87, 88, 90, 96
Aristotle 亞里士多德 25, 71-3, 86-7, 92, 93, 157
atheism 無神論 116, 117
atomism 原子主義 46, 47, 154, 155
Augustine, Bishop of Hippo 希波主教奧古斯丁 82-4
Averroës 阿維羅伊 87
Avicenna 阿維森納 86

*B

Bacon, Francis 培根，弗朗西斯 122
Beauvoir, Simone de 波伏娃，西蒙‧德 184
being 有 40, 41, 43, 168-9
Bentham, Jeremy 邊沁，傑里密 118, 119, 177
Berkeley, George 貝克萊，喬治 111, 112-13
Boethius 玻埃修斯 85
Boyle, Robert 玻意耳，羅伯特 109, 110

*C

Camus, Albert 加繆，阿爾伯特 138
capitalism 資本主義 131, 134-7
Cavell, Stanley 卡維爾，斯坦利 28
Christianity 基督教 73, 80-5, 142
    Protestantism 新教 81, 110, 114, 140
    Roman Catholicism 羅馬天主教 25, 77, 82-5, 88-9, 92-8, 104
class conflict 階級衝突 133-6
Coleridge, Samuel Taylor 柯勒律治，薩繆爾‧泰勒 20
common sense 常識 11, 13, 19
communism 共產主義 135, 136, 149, 166
constructivism 構造論 186, 187, 188
Copernicus 哥白尼 94, 96, 97
comos 宇宙 75, 94-5, 96, 97
    Christianity 基督教 83, 84, 88-9
    Greek philosophy 希臘哲學 35-7, 38, 44, 46-7
critical theory 批判理論 170, 171, 172-5
culture 文化 155, 156, 161, 173-4
cynicism 犬儒主義 75

*D

Darwin, Charles 達爾文，查爾斯 140
deconstruction 解構 166-7
Deleuze, Gilles 德勒茲，吉爾斯 186
democracy 民主 55, 65
Democritus 德謨克利特 46, 47
Derrida, Jacques 德里達，雅克 166-7
Descartes, René 笛卡兒，若內 23, 102-7
Dewey, John 杜威，約翰 161
dialectic 辯證法 128, 129, 130
Diogenes 第歐根尼 74
Diogenes Laertius 第歐根尼‧拉爾修 62
dualism 二元論 102, 103, 106
Duns Scotus 鄧斯‧司各脫 88

*E

economics 經濟學 135, 136, 137
emotivism 情感主義 158
Empedocles 恩培多克勒 46
empiricism 經驗主義 108-17, 124, 125, 162
Engels, Friedrich 恩格斯，弗雷德里希 135
Enlightenment 啟蒙運動 25, 93, 120-3
Epicurus 愛比克泰德 75
epistemology 認識論 22-3, 66-9, 71, 94-5, 103-17
    亦參見「經驗主義」(empiricism)；「知識」(knowledge)；「理性主義」(rationalism)
Erasmus, Desiderius 狄賽德留斯‧伊拉斯默斯 97
essence 本質 66, 67, 87, 157
ethics 倫理 22, 23, 120-1, 125, 158
    Greek 希臘的 43, 60-1, 74-5
    utilitarianism 功利主義 118-19
Euripides 歐里庇德斯 55
evolution 進化 140, 141
existentialism 存在主義 41, 87, 138, 158, 159

*F

Fascism 法西斯主義 172-3
feminism 女權主義 184-5
forms 形式 66, 67, 68, 69, 71
Foucault, Michel 福柯，米歇爾 171, 176-9, 181
Frankfurt School 法蘭克福學派 170-5
freedom 自由 11, 138, 159; 160, 176, 178-9
Frege, Gottlob 弗雷格，戈特羅 151
Freud, Sigmund 弗洛伊德，西格蒙德 145-50, 170
Fukuyama, Francis 弗朗西斯，福山 131

*G

Gadamer, Hans Georg 伽達默爾，漢斯‧喬治 187
Galileo 伽利略 94, 96, 97
geometry 幾何 47, 100, 102
Gnosticism 諾斯替教 80-1

God 上帝 80, 81, 83, 87, 140-1, 159
   existence arguments 證明上帝存在　91-3, 117
Gorgias 高爾吉亞 57
Gramsci, Antonio 葛蘭西，安東尼奧 14
Greek philosophy 希臘哲學 24, 25, 28-9, 33, 34-77

✱H

hedonism 快樂主義 78, 79
Hegel, G.W.F. 格奧爾格・威廉・弗雷德里希・黑
   格爾 38, 128-33, 135
Heidegger, Martin 海德格爾，馬丁 38, 168-9, 170,
   187
Heraclitus of Ephesus 赫拉克利特（以弗所的）37,
   38, 40, 123
Hesse, Herman 黑塞，赫爾曼 81
history 歷史 128, 129, 130, 132
Hobbes, Thomas 霍布斯，托馬斯 23, 100-1
Horkheimer, Max 霍爾海默，馬克斯 172
human nature 人性 101, 149
humanism 人本主義 88, 95, 96, 97, 100, 134
Hume, David 休謨，大衛 112, 113, 114-17, 123, 124
Husserl, Edmund 胡塞爾，愛德蒙 150-1

✱I

idealism 唯心主義 112-13, 163
   transcendental 先驗的 126, 127
ideas 觀念 110, 115, 116-17
impressions 印象 115, 116-17
individualism 個人主義 96, 97, 103
instrumentalism 工具主義 112, 113
Irigaray, Luce 伊莉格萊，露絲 185
Islam 伊斯蘭教 86-7

✱J

James, William 詹姆斯，威廉 161, 162-3
Judaism 猶太教 78, 80, 172, 175

✱K

Kafka, Franz 卡夫卡，弗朗茲 138, 159, 160
Kant, Immanuel 康德，伊曼努爾 120, 121, 123-7
Kierkegaard, Soren 瑟倫，克爾凱郭爾 41, 138
knowledge 知識 66-9, 103-17, 120-2, 124-5, 128
   亦參見"認識論"(epistemology)

✱L

language 語言 151, 152-7, 158
law 法律 77, 79
Leibniz, Gottfried 萊布尼茲，戈特弗雷德 103
Lenin, Vladimir 列寧，弗拉基米爾 133
Locke, John 洛克，約翰 110-11
logic 邏輯 72, 158
logical atomism 邏輯原子主義 154, 155

Lucretius 盧克萊修 79
Luther, Martin 路德，馬丁 98
Lyotard, Jean-Francois 吉恩・弗朗高斯・利奧塔
   165

✱M

Machiavelli, Niccolò 尼克爾・馬基雅弗利 97
magic 巫術 29, 30-3, 36, 99
Maimonides 邁蒙尼德 87
Marcuse, Herbert 馬爾庫塞，赫爾伯特 129, 170-1
Marx, Karl 馬克思，卡爾 133-7, 139, 141, 166, 176,
   181
Marxism 馬克思主義 133-7, 149, 172
materialism 唯物主義 103, 133
mathematics 數學 47, 94, 100, 102, 107, 109
matter 物質 73, 80, 102, 162
meaning 意義 153, 154-8
metaphysics 形而上學 22, 83, 90, 111, 154-5, 162
   Cartesian笛卡兒 102-3, 106-7
   Greek希臘的 28-9, 35-47, 49, 66, 68-9, 72-3
mind 心靈 102, 114-15, 125, 129, 145-50, 162
modernity 現代性 52, 53, 94-5, 159, 160, 171-9
Mohammed 穆罕默德 86
monism 一元論 38, 39, 43, 44, 103
Montaigne, Michel de 蒙田，米歇爾・德 97
morality 道德見"倫理"(ethics)

✱N

naturalism 自然主義 92, 93
Nazism 納粹主義 139, 169, 172-3
Neoplatonism 新柏拉圖主義 76-7, 83
Newton, Isaac 牛頓，艾薩克 109, 115
Nietzsche, Friedrich Wilhelm 尼采，弗雷德里希・
   維海姆 78, 136, 139-43, 144-5, 186-7, 189
nihilism 虛無主義 75, 141, 142-3, 187
nominalism 唯名論 45

✱P

paganism 多神教 33-4, 50, 79, 85, 90, 140, 183
Parmenides of Elea 巴門尼德（愛利亞的）39-43,
   66, 175, 189
Pericles 伯里克利 49
phenomenology 現象學 150-1
physics 物理學 44,72,115
Piaget, Jean 皮亞傑，讓 7
Pierce, Charles 皮爾士，查爾斯 161
Plato 柏拉圖 24, 47, 49, 58-9, 65-71, 83
   亦參見"新柏拉圖主義"(Neoplatonism)
Plotinus 普羅提諾 76-7, 83
pluralism 多元論 38, 44
politics 政治活動 22, 23, 101, 131, 139
   Foucault 福柯 171, 176, 179

Greek 希臘 48-57, 65, 69-71
Marxism 馬克思主義 133-7
postmodernism 後現代主義 23, 164-7, 175
power 權力 12, 54-5, 177, 179
pragmatism 實用主義 160, 161, 163
pre-Socratics 前蘇格拉底哲學家 35-57, 169, 183, 184, 187
Protagoras 普羅泰戈拉 57, 97, 161
Protestantism 新教 81, 110, 114, 140
psychoanalysis 精神分析 145-50, 151, 170
Pyrrhon 庇羅 75
Pythagogras 畢達哥拉斯 40, 47

✱Q

qualities 物質 111, 112
Quine, Willard van Orman 維拉德・范・沃曼・奎因 20, 160

✱R

radical empiricism 徹底經驗主義 162
rationalism 理性主義 88, 93, 100, 184-5
Cartesian 笛卡兒的 102-8
Hegel 黑格爾 128-9, 132
Kant 康德 123, 125, 127
rationality 理性 31, 53, 122, 123, 176
realism 實在論 45, 111
reason 推理 53, 122, 123, 129
reflection 反省 15, 16-17, 62, 122, 123
relativism 相對主義 56, 57, 161, 186, 187
religion 宗教 73, 77, 78-89, 90-9
atheism 無神論 116, 117
Greek 希臘 33, 34-5
Renaissance 文藝復興 88, 97
Ricardo, David 大衛・李嘉圖 137
Roman Catholicism 羅馬天主教 25, 77, 82-5, 88-9, 90-8, 104
Roman Empire 羅馬帝國 25, 77, 78, 79-82, 86
romanticism 浪漫主義 25, 118, 127-9, 135, 138-9, 143-4
Rorty, Richard 羅蒂，理查德 161, 164-5
Russell, Bertrand 羅素，伯特蘭 151, 152, 158, 181

✱S

Sartre, Jean-Paul 薩特，讓・保羅 138, 159, 160, 181
scepticism 懷疑主義 75, 104-5, 112, 113, 117
Schelling, Friedrich von 謝林，弗雷德里希・范 128
Schiller, Friedrich 席勒，弗雷德里希 128
scholasticism 經院學派 88-9, 90, 91
Schopenhauer, Arthur 叔本華，阿瑟 138, 139
science 科學 11, 94-5, 96, 97, 99, 109

modernity 現代性 150, 168
rational thought 理性思想 120, 123
self 自我 103, 125, 126, 144
Seneca 塞涅卡 74
shamanism 薩滿教 30, 31, 32-3, 50
Smith, Adam 亞當・斯密 114, 137
society 社會 12, 23, 24, 101, 122-3, 139
Greek 希臘 53, 70-1
Marxism 馬克思主義 133-7
modernity 現代性 171, 172-3, 176-8
religious control 宗教控制 99
Socrates 蘇格拉底 40, 58-66, 188
solipsism 唯我論 113
Sophists 詭辯家 49, 56, 57, 59, 64, 65
soul 靈魂 47, 69, 76-7
Spinoza, Benedict de 斯賓諾莎，本尼迪克特・德 103
Sraffa, Piero 斯拉法，皮埃羅 155
Stoicism 斯多葛主義 74-5
substance 實體 73, 111

✱T

Thales 泰勒斯 34, 36
theology 神學 73, 81, 82-9, 90-3
transcendental idealism 先驗唯心主義 126, 127

✱U

utilitarianism 功利主義 118-19

✱V

Voltaire 伏爾泰 121

✱W

Weber, Max 韋伯，馬克斯 170
William of Ockham 威廉（奧卡姆的）88
Wittgenstein, Ludwig 維特根斯坦，路德維希 20, 151, 152-8
women 婦女 184-5

✱Z

Zeno of Citium 芝諾（西提姆的）74
Zoroastrianism 祆教 78, 80